新装改訂版

中国語の初歩の初歩

肖広 著

南雲堂

イラスト：高楽 俊／ヤマモト・スエ

は　じ　め　に

　『中国語の初歩の初歩』は、中国語を初めて学ぶ人のために編集したものですが、また、大学生の学習者の参考書としても使えます。

　近年、中日両国の交流がますます盛んになるにともない、中国語への関心が高まり、学んでみようとする人も増えてきています。しかし、多くの方がたは毎日の仕事に追われ、時間をとってきちんと勉強することはなかなか難しいのが現実です。本書は、このような皆さんのことを想定して、やさしく学べるように心掛けて作ってみました。このように企てられたものですから、発音記号も「漢語併音」（ローマ字による発音記号の表現法）だけでなく、カタカナをも用いました。

　また、こまかい文法よりも、基本的で簡単な実際的な文章によって説明することに心掛けました。そして、日本人なら誰でも知っているはずの漢字言葉（発音・意味ともに中国語と類似している熟語のたぐい）を200ほど選んで、会話文をつくりました。会話の内容は日常会話を主にして、初学者がいつでも気軽に独習できるように工夫しました。従来の参考書にはない、気軽に入り込める入門書であると確信しています。

　中国語の学習をとおして、中国、中国人、そして中国文化への理解の助けになることを心から願っています。

　末尾になりましたが、南雲堂の原信雄さんより、さまざまな面からご指導をいただきました。ここに記して感謝の意を表わしたいと思います。

2008 年 秋
著者識

宮

　古代、宮は住居の通称であり、のちに帝王の住居と宗廟、神廟などの建築物をさすようになった。
　北京の故宮は、明、清両代の皇宮であり、敷地面積は72万平方メートルほど、9000間以上の部屋がある。現存する古代建築物のうち、面積が最大、保存のゆきとどいているものである。

「古代建築」より　中国画報社

目　次

- はじめに ——————————————— 3
- 漢字の簡単な知識と筆順 ————————— 9
  - 一、漢字の簡単な知識 ————————— 9
  - 二、漢字の筆順 ——————————— 12
- 文の成分と文の時制表現 ————————— 17
  - 1. 文の成分 ———————————— 17
  - 2. 文の時制表現 —————————— 28
- 中国語の母音と子音 ——————————— 35
- 中国語の発音要領について ———————— 37
- 四声について —————————————— 39
- 軽声について —————————————— 40
- 中国のお茶（コラム）—————————— 41
- 中国のお酒（コラム）—————————— 42
- 中国の祭日（コラム）—————————— 45
- 中国の親族関係表と称呼（コラム）———— 49
- 人体（コラム）————————————— 50
- 中国の行政区画（コラム）———————— 56
- 中国の民族（コラム）—————————— 56

基本的な単語を憶えましょう ―――― 57
  1．数字 ―――― 57
  2．時間 ―――― 61
  3．日 ―――― 66
  4．月 ―――― 70
  5．曜日と時 ―――― 71
  6．方角と位置 ―――― 75
  7．季節 ―――― 78
  8．こ・そ・あ・ど ―――― 80
  9．人称代名詞 ―――― 81
 10．くだ物と飲み物 ―――― 82
 11．野菜と食品 ―――― 86
 12．魚と肉 ―――― 91
 13．乗りもの ―――― 96

14．動物 ——————————————— 99
15．植物 ——————————————— 105
16．色彩 ——————————————— 107
17．家と家の中 ————————————— 108
18．自然 ——————————————— 116
19．町 ———————————————— 121
20．世界 ——————————————— 126

中国のタバコ（コラム）——————————— 127
中国の名勝古跡（コラム）————————— 128

21．外来語 —————————————— 130
22．動詞 ——————————————— 132
23．形容詞 —————————————— 136
24．副詞 ——————————————— 141

日本人でもすでに知っている中国語（コラム）——— 143

やさしい文を憶えましょう ————————— 148

日常会話集 —————————— 153

1. 日常のあいさつ ———————— 154
2. お礼 ———————————— 155
3. おわび ——————————— 157
4. おいわい —————————— 159
5. わかれ ——————————— 161
6. 自己紹介 —————————— 163
7. 互いに紹介 ————————— 164
8. 招待 ———————————— 165
9. 道を尋ねる ————————— 167
10. 郵便局で —————————— 169
11. 電話を掛ける ———————— 170
12. ショッピング ———————— 172
13. 食事 ———————————— 174

漢字の簡単な知識と筆順

一、漢字の簡単な知識

　漢字の作り方には古代から「六書」があり、また漢の時代の許慎氏が《説文解字》の中で言った「六書」もあります。それは象形、指事、会意、形声、仮借と転注です。現在、前の四種類は漢字の作り方とされ、あとの二つは漢字の使い方と理解されています。ここでは前の四種類を紹介します。

１．象形字（絵文字）

　　象形字は実物の形にならって作り出したもので、それは字ではなく、絵といった方がふさわしいでしょう。

　　例：　　（象）　　（鹿）　　（見）　　（瓜）　　（衣）　　（册）

２．指事字（指示文字）

　　指事というのは二つの抽象的な符号、あるいは一つの象形符号の上に一つの抽象的な符号を加えて新しい意味を表す漢字の作り方です。

　　例：　　（上）　　（下）　　（本）　　（末）　　（刃）　　（井）

３．会意字（会意文字）

　　会意とは二つ、あるいは二つ以上の象形符号をたくみに組み合わせてできた新しい漢字の作り方です。

例：

（人）（口）（手）（日）（月）（水）（火）（木）

（禾）（米）（竹）（刀）（弓）（车）（雨）（云）

（电）（山）（石）（田）（土）（舟）（耳）（目）

（牙）（马）（牛）（羊）（步）（逐）（寇）（戍）

（林）（集）（鸟）（虫）（鱼）（爪）（尾）（门）

（果）

4．形声字（形声文字）

　　形声字は、二つあるいは二つ以上のすでに出来た符号を組み合わせ、一つは字の音を表わし、一つは字の意味を表わす新しい漢字の作り方です。形声字を作り出すことによって、漢字は飛躍的な発展をとげ、それは各種の漢字の作り方の中でもっとも重要で、漢字の90パーセントを占めています。形声をまとめると次の通り。

Zhuǒ xíng yòu shēng
左形右声
ツゥオシーンヨウ ショオーン
（左は形右は声となるもの）
　　　　Cūn　yáng　mā　pǎo　qíng
字例：村　洋　妈　跑　情
　　　ツゥン　ヤーン　マー　パオ　チーン

yòu xíng zuǒ shēng
右形左声
ヨウシーンツゥオ ショオーン
（右は形左は声となるもの）
　　　　gē　piāo　lǐng　qī　jiù
字例：歌　飘　领　期　救
　　　コォ　ピィヤオ　リーン　チー　チィウ

shàng xíng xià shēng
上形下声
シャーンシーンシィヤ ショオーン

（上は形下は声となるもの）

字例：芽　室　雾　窥　岗
　　　yá　shì　wù　kuī　gāng
　　　ヤー シー ウー コェイ カーン

xià xíng shàng shēng
下形上声
シィヤーンシャーン ショオーン

（下は形上は声となるもの）

字例：想　勇　照　装　剪
　　　xiǎng yǒng zhào zhuāng jiǎn
　　　シィヤーン ヨーン チャオ チョワーン チィエン

nèi xíng wài shēng
内形外声
ネイ シーン ワイ ショオーン

（内は形外は声となるもの）

字例：问　闻　闷　辩　闽
　　　wèn　wén　mèn　biàn　mǐn
　　　ウェン ウェン メン ピィエン ミン

wài xíng nèi shēng
外形内声
ワイ シーン ネイ ショオーン

（外は形内は声となるもの）

字例：园　府　固　阁　病
　　　yuán　fǔ　gù　gé　bìng
　　　ユワン フー クゥー コォ ピーン

二、漢字の筆順

漢字は甲骨文から隷書までその形体と構造は根本的に変わりました。現代使われている漢字は数も多く、変化にも富んでいます。

1．漢字の筆順の規則

漢字は数が多く、その構造も画数の少ない単純な文字から画数の多い複雑な文字までさまざまです。いろいろな文字の中でも書きにくさでは世界一かもしれません。しかし、漢字の構造書き方に工夫がなされ、その結果次の筆順規則に整理されました。その規則を身につければどんな漢字でも書くのにとまどうことはなくなると思います。

規　　則	字例	筆　順
xiān héng hòu shù 先横后竖 シィエンホォーンホォウシューー （横さき、縦あと）	十 千	一十 一二千
xiān piě hòu nà 先撇后捺 シィエンピィエホォウナー （先に左にはね、 　ついで右に払う）	八 天	ノ八 一二于天
cóng shàng dào xià 从上到下 ツォーンシャーンタオシィヤ （上から下へ）	三 豆	一二三 一ｒ戸ｒ戸豆豆
cóng zuǒ dào yòu 从左到右 ツォーンツゥオタオ ヨォウ （左から右へ）	地 做	一十土 扣地 ノ亻亻亻仕估估估做做

cóng wài dào nèi 从外到内 ツォーンワイ タオ ネイ （外から内へ）	同 句	丨冂冂同同同 ノクケ句句	
cóng nèi dào wài 从内到外 ツォーンネイ タオ ワイ （内から外へ）	函 廷	了了了了了承函函 一二千壬廷廷	
xiān lǐ dou hòu fēng kǒu 先里头后封口 シィエンリー トォウホォウフォーンコォウ （内を書いてから とじる）	日 国	丨冂日日 丨冂冂冃目囯国国	
xiān zhōng jiān hòu liǎng biān 先中间后两边 シィエン チョオーン チィエン ホォウリィアーン ピィエン （中を先に両脇を後に）	水 小	亅才才水 亅小小	

漢字の筆順字例表

筆画	字例	発音	筆順
二画	九	チィウ	ノ九
	乃	ネイ	ノ乃 或 乃乃
三画	叉	チャー	フ又叉
	凡	フェン	ノ几凡
	及	チー	ノ乃及
	门	メン	丶丨门
	上	シャーン	丨卜上
	丸	ワン	ノ九丸
	万	ワン	一丆万 或 一丆万

筆画	字例	発音	筆　　　順
三画	也	イェ	フ 也 也
	义	イー	乂 义 义
	与	ユイ	一 与 与
四画	不	ブー	一 ア 不 不
	办	パン	フ 力 カ 办
	车	チョォ	一 ナ 车 车 或 一 ナ 左 车
	长	チャーン	ノ 一 长 长
	丹	ダン	ノ 月 丹 丹
	方	ファーン	、 一 亠 方 或 、 亠 方 方
	化	ホヮー	ノ イ 化 化 或 ノ イ 亻 化
	火	フゥオ	、 ソ 少 火 或 、 、 少 火
	开	ガイ	一 二 チ 开
	片	ピィエン	ノ 丿 片 片
	区	チユイ	一 フ 乂 区
	升	ショォーン	ノ 二 升 升
	屯	トゥン	一 匚 屯 屯
	瓦	ヮー	一 工 瓦 瓦
	为	ウェイ	、 ソ 为 为
	牙	ヤー	一 二 于 牙
	尹	イン	フ ヲ ヨ 尹
五画	凹	アオ	丨 冂 凹 凹 凹
	必	ピー	、 心 心 必 必
	北	ペイ	丨 一 丰 北 北 或 丨 亅 扌 北
	半	パン	、 ゛ 兰 兰 半
	册	ツォ	ノ 月 月 册 册
	出	チュー	一 凵 中 出 出
	瓜	コワ	一 厂 瓜 瓜 瓜
	弗	ブー	フ ユ 弓 弗 弗

筆画	字例	発音	筆　　　　順
五画	叫	チィヤオ	丨 口 口 叫 叫
	可	コォ	一 丆 гг 叮 可
	母	ムー	ㄴ 口 母 母 母
	鸟	ニィヤオ	′ ク 勹 鸟 鸟
	皮	ビー	丿 厂 广 皮 皮 或 一 厂 广 皮 皮
	世	シー	一 十 卅 卅 世
	术	シュー	一 十 才 木 术
	凸	トゥ	丨 丨 凸 凸 凸
	玉	ユイ	一 二 干 王 玉
	由	ヨォウ	丨 冂 曰 由 由
	永	ヨーン	` 亅 才 永 永
六画	成	チョオーン	一 厂 厅 成 成 成
	丞	チョオーン	′ 了 才 ネ 永 丞
	耳	アル	一 丅 卝 耳 耳 耳
	考	ガオ	一 十 土 耂 考 考
	光	コワーン	丨 丨 丷 半 光 光
	式	シー	一 二 テ 王 式 式
	亦	イー	` 亠 广 方 亦 亦
	亚	ヤー	一 丅 ㅠ 꾸 亚 亚
	再	ツァイ	一 厂 冂 冃 再 再
	兆	チャオ	丿 兆 丬 儿 兆 兆
	州	チョオウ	` 丿 丬 州 州 州
七画	辰	チョオーン	一 厂 厂 尸 辰 辰 辰
	丽	リー	一 丆 帀 帀 丽 丽 丽
	卵	ロヴン	′ 亡 𠂎 卯 卯 卵 卵
	我	ヴォ	′ 二 千 手 我 我 我
	巫	ウー	一 丅 ㅠ 巫 巫 巫 巫
	卑	ペイ	′ 冂 臼 白 甶 奥 卑

筆画	字例	発音	筆　　　順
八画	齿	チー	丨 止 卝 벋 步 歩 齿 齿
	垂	チュイ	一 二 三 壬 乔 垂 垂 垂
	非	フェイ	丨 刂 扌 扌 非 非 非
	其	チー	一 十 廾 甘 甘 其 其 其
	肃	スゥー	⁊ ㄹ 彐 肀 肃 肃 肃
	佳	チィヤ	ノ 亻 亻 仁 住 佳 佳
	臾	ユイ	´ 冖 冂 冃 曰 臼 臾
	制	チー	ノ 仁 듀 钅 制 制 制
九画	曷	ボォ	日 旦 旦 昌 昌 曷
	甚	シェン	廿 其 其 其 其 甚
	禹	ユイ	户 户 再 禹 禹 禹
	重	チョーン	二 言 言 重 重
十画	乘	チョオーン	二 千 禾 乖 乘
	兼	チィエン	丷 丷 ⺍ 兼 兼
十一画	兜	トォウ	白 白 兜 兜
	断	トゥン	米 迷 断 断
	爽	ショワン	亠 大 夶 爽
十二画	缀	チュイ	纟 缀 缀
	鼎	ティーン	目 甲 甲 昇 鼎 鼎 鼎 鼎
	愤	フェン	亻 忄 忄 愤 愤 愤
十四画	漆	チー	氵 汁 泮 沬 漆
	舞	ウー	亇 눚 無 無 舞 舞
	臧	ツァーン	厂 厂 疒 疒 臧 臧

文の成分と文の時制表現

　中国語も日本語も漢字を使っているとはいえ、文の構造や文の時制表現などは大きく違います。その違いは二つにまとめることができます。
◎　中国語には語尾の変化がありません。つまり、中国語の動詞には日本語のように過去形、現在形、未来形という変化がありません。動作の完了、持続、未来は時間を表わすことばや「过」「过了」「了」「正在」「要」「将要」などの単語によって、表現されます。
◎　中国語には日本語の助詞のような付属語がほとんどありません。文の成分の関係は単語のならべ方によってしめされます。ですから、語順は大切です。

以上の二点を念頭におきながら、中国語の文をみてみましょう。

1、文の成分

　中国語の文は大きく主語、述語、目的語、限定語、補語、状況語（主、谓、宾、定、补、状）という六大成分に分けられます。

　主语（主語）
　　主語になるものは名詞と代名詞です。

Tā shì Rì běn rén。
他是日本人。　　　　　彼は日本人です。　　🄭1-2
ター　シー　リー　ベン　レン

Chūn tiān dào le。
春天到了。　　　　　　春が来ました。
チュンティエン　タオ　ラ

🎧 1-3　Zhè shì shū.
这是书。
　ヂョ　シー　シュー

これは本です。

Wǒ qù.
我去。
ヴォ　チュイ

私は行きます。

谓语（述語）

述語になるものは主に動詞と形容詞です。

Jīn tiān shì xīng qī yī.
今天是星期一。　　　　今日は月曜日です。 🎧1-4
チン ティエン シー シーン チー イー

Tā lái.
他 来。　　　　　　　　彼は来ます。
ター ライ

1-5　天好。　　　　　　　　天気はいい。
　　Tiān hǎo.
　　ティエン　ハオ

　　以上あげた文は単文で、どれが主語か、どれが述語か一目で分かると思います。文が長くなるとほかの成分もありますから、それを見い出すことは難しいかも知れません。しかしとにかく、主語と述語が大事な成分ですから、文を見てそれを理解するようにならなければなりません。

宾语（目的語）
　目的語になるものはふつう名詞もしくは代名詞で他動詞の後に来ます。

Wǒ chī fàn。
我 吃 饭。
ヴォ チー ファン

私はごはんを食べます。　　1-6

Kàn diàn shì。
看 电 视。
カン ティエン シー

テレビを見ます。

1-7　　Xiāo lǎo shī jiāo Rì yǔ.
肖老师教日语。　　　　肖先生は日本語を
　　　　　　　　　　　教えます。

　目的語の前に必ず述語がなければなりませんが、主語は省略してもかまいません。

定語（限定語）
　限定語になるものは名詞、代名詞、数量詞、形容詞で、名詞を修飾します。その間にはしばしば助詞の働きをする「的」をつけます。数量詞の場合「的」をつけないで、助数詞をつけると、直接その名詞にかかります。

Zhè shì wǒ de shū.
这是我的书。　　　　　これは私の本です。

Jīn tiān de tiān qì zhēn hǎo。
今天的天气真好。
チン ティエン ダ ティエン チー チェン ハオ

今日はほんとうに天気のいい日です。 1-8

Mǎi liǎng zhāngpiào。
买两张票。
マイ リィヤーン チャーン ピャオ

二枚の切符を買います。

Lán sè de tiān kōng.
蓝色的天空。 青い空です。

补语（補語）

補語は動作行為の結果と状態を表す成分で、動詞の後に来て、本動詞を助ける役割をします。
よくある補語は次の通りです。

結果補語：動作行為の結果を表します。結果補語には動詞もしくは形容詞を使います。日本語の文の連用修飾語に相当します。

Tā zhǎng dà le.
他长大了。 彼は大きくなりました。

Wǒ tīng dǒng le。
我听懂了。
ウォ ティーン トーン ラ

私は聞いて、分かりました。 🎵1-10

Wǒ kàn wán le nà běn shū。
我看完了那本书。
ウォ カン ウン ラ ナ ベン シュー

わたしはあの本を読みおわりました。

　上記の例で分かるように、補語の後に「了」という字が来ます。また、他動詞の目的語はその「了」の字の後に来ます。

　状態補語：動作行為の状態を表します。動詞とその補語の間に必ず「得」が入ります。

Yī fu xǐ de gān jing。
衣服洗得干净。
イー フ シー ダ カン チン

服はきれいに洗っています。

Nǐ lái de zǎo。
你来得早。
ニー ライ ダ ツァオ

あなたは早く来たのです。

25

方向補語：一部の動詞の後に方向性の語を補語にして、その動詞の方向を示します。

🔊 1-11

快进来！
Kuài jìn lai.

はやく入ってきてください。

他回去了。
Tā huí qu le.

彼は帰っていきました。

中国人民站起来了。
Zhōngguó rénmín zhàn qǐ lai le.

中国人民は立ち上がりました。

時間、数量補語：動作行為の継続時間と回数を説明します。

去了三次。
Qù le sān cì.

三回行きました。

站了三小时。
Zhàn le sān xiǎoshí.

三時間立っていました。

状语（状況語）

　状況語になるものは副詞、形容詞、数詞などで述語を修飾します。

Qīng màn zǒu。
请慢走。
チーン　マン　ツォウ

ゆっくり歩いて下さい。　1-12

Wǒ hěn hǎo de kǎo lǜ yí xià。
我很好地考虑一下。
ウォ　ヘン　ハオ　ダ　カオ　リュイ　イー　シャ

私はよく考えます。

Tū rán lái le。
突然来了。
トゥー　ラン　ライ　ラ

突然来ました。

Xià zhōu xiū xi。
下周休息。
シャ　チョウ　シウ　シ

来週休みます。

2、文の時制表現

> 在、正在……（〜し）ているところ
> 現在在……（〜し）ている

動作の進行中を表わします。

1-13
我们正在吃饭。 私達はごはんを食べているところです。
Wǒ men zhèng zài chī fàn.

她现在在学中文。 彼女はいま中国語を勉強しています。
Tā xiàn zài zài xué zhōngwén.

> 着……（〜し）てある
> （自動詞）……（〜し）ている

動作の結果と状態を表わします。

Zhuō zi shang fàng zhe shū.
桌子上放着书。
チュオ ツ シャーンファーン チョオ シュー

机の上に本が置いて あります。 1-14

Wǒ zhàn zhe， tā zuò zhe.
我站着、她坐着。
ヴォ チャン チョオ　ター ツゥオ チョオ

私は立って、彼女が すわっています。

Wài miàn xià zhe yǔ.
外面下着雨。
ウイ ミィエン シィヤ チョオ ユイ

外は雨が降っていま す。

| 了……（〜し）た |

動作の完了を示し、動詞の後につけます。

🎵 1-15　　Diàn yǐng wán le。
　　　　　电影完了。　　　　　映画は終りました。
　　　　　ティエン イーン ワン ラ

Wǒ kàn le nà ge diàn yǐng。
我看了那个电影。　　　私はあの映画を見ました。
ウォ カン ラ ナー コ ティエン イーン

Jīn tiān shàng le yì jié kè。
今天上了一节课。　　　今日は一こまの授業をしました。
チン ティエンシャーン ラ イー チィエ コォ

> 过……（〜し）たことがある

過去の経験、または動作が過去おこなわれたことを示します。

Wǒ kàn guo zhè běn shū。
我看过这本书。

私はこの本を読んだことがあります。

Tā qù guo Zhōngguó。
她去过中国。

彼女は中国へ行ったことがあります。

Chī guo zhè ge dōng xi。
吃过这个东西。

これを食べたことがあります。

| 要……う、(〜し)よう |

動詞の前につけて、未来の意志を表わします。

1-17

Tā yào chī。
他要吃。
ター ヤオ チー

彼は食べようとしています。

Wǒ jiù yào qù。
我就要去。
ヴォ チィウ ヤオ チュイ

私はいま行こうと思っています。

Yào shuì jiào。
要睡觉。
ヤオ シュエイ チィヤオ

ねようと思います。

32

> 没(有)＋動詞……(～し)ていない

動作をしていない状態を表わします。

Méi chī fàn。
没吃饭。 ごはんを食べていません。 🎵1-18
メイ チー ファン

Méi kàn diàn yǐng。
没看电影。 映画を見ていません。
メイ カン ティエン イーン

Méi yǒu lái。
没有来。 来ていません
メイ ヨウ ライ

Méi yǒu huí lai。
没有回来。 帰ってきていません。
メイ ヨウ ホェイ ライ

Méi yǒu tīng。
没有听。 聞いていません。
メイ ヨウ ティーン

$$
不+\begin{cases} 動詞……動詞未然形＋ない \\ 形容詞……連用形＋ない \\ 是……ではない \end{cases}
$$

文の否定表現です。

🎧 1-19

他不去。	彼は行きません。
Tā bú qù.	

我不吃饭。　　　　　私はごはんを食べま
Wǒ bù chī fàn.　　　　せん。

菜不好吃。　　　　　料理はおいしくあり
Cài bù hǎo chī.　　　　ません。

东西不贵。　　　　　品は高くありません。
Dōng xi bú guì.

今天不是星期天。　　今日は日曜日ではあ
Jīn tiān bú shì xīng qī tiān.　りません。

这不是书。　　　　　これは本ではありま
Zhè bú shì shū.　　　　せん。

中国語の母音と子音

　中国では母音を「韵母」といい、子音を「声母」といいます。基本母音は6つ、子音は21です。母音だけの音節がありますが子音だけでは音節にはなりません。必ず母音と組みあわせた上で、一音節になります。規則はだいたい次の通りです。

タイプ	字　例	発　　音
1	你 ni	子音＋母音
2	您 nin	子音＋母音＋鼻子音
3	好 hao	子音＋複合母音
4	见 jian	子音＋複合母音＋鼻子音
5	衣 i(yi)	母音
6	安 an	母音＋鼻子音

　表で分かるように4までは、頭文字は全部子音です。5、6タイプの音節はわずかしかありません。こうして組みあわせた音節は全部で400以上あります。また、5のタイプの場合は次のように書きます。

　　i→yi　　u→wu　　ü→yu

　6つの基本母音

a	o	e	i	u	ü
ア	オ	エ	イ	ウ	ユイ

半母音
　er
　「エル」と「アル」中間音

子音 21

b	ポ
p	ぽ
m	ム
f	フー
d	ト
t	と
n	ン
l	ロヲ
g	コ
k	こ
h	ホ
j	チ
q	ち
x	シ
zh	ズ
ch	つ
sh	ス
r	リ
z	ッ
c	つス
s	ス

複合母音 13

ai	アイ
ei	エイ
ao	アオ
ou	オウ
ia	ヤー
ie	イエ
iao	ヤオ
iou	ヨウ
ua	ワー
uo	ウオ
uai	ワイ
uei	ウエイ
üe	ユエ

母音＋鼻子音

an	アン
en	エン
ang	アん
eng	ヲん
ong	オん
ian	イエン
in	イン
ing	イん
iang	イヤん
iong	ヨん
uan	ワン
uen	ウエン
uang	ワん
ueng	ウヲん
üan	ユワン
ün	ユン

中国語の発音要領について

a　［ア］　日本語の「ア」と同じ音です。
o　［オ］　日本語の「オ」よりも唇をまるくし、前につき出すような気持で発音する。
e　［エ］　日本語の「エ」を発音する口のかっこうで「オ」を出せばこの音が出ます。
i　［イ］　日本語の「イ」よりも、唇を左右にひくようにして発音します。
u　［ウ］　日本語の「ウ」に似ていますが、それよりも唇をつぼめて、前につき出すようにします。
ü　［ユイ］　日本語の「ユ」を発音する時の口のかっこうをして「イ」の音を出せば、これに近い音が出ます。
er　［アル］　これは「エル」と「アル」の中間音です。
b　［ポ］　唇を軽くとじて、口一杯に息をたくわえて、いきなり唇をひらき、息をころすようにして発音します。汽車ポッポの「ポ」に似ている音です。無気音。
p　［ポ］　唇をややかたくとじて、口一杯に息をたくわえていきなり唇をひらき、息を一時にはき出すようにして発音します。机をぽんとたたくの「ぽ」に似ている音です。有気音です。
m　［ム］　唇をかたくとじ、息が鼻にぬけるようにして発音します。日語のマミムメモに近い音です。
f　［フー］　上の前歯で下唇をかるくおさえ、その間から息を出しながら「フー」と発音します。
d　［ト］　舌の先を上の歯ぐきにつけてから、急に離し、息をころして発音します。チョット、オ待チクダサイの「ト」に似ています。無気音です。

t　［と］　舌の先を上の歯ぐきにつけてから、急に離し、息を一時はき出すようにして発音します。とってもうれしいの「と」に近いです。有気音です。

n　［ン］　舌の先を上の歯ぐきにつけ、息が鼻にぬけるようにして発音します。

l　［ロヲ］　舌の先を上の歯ぐきにつけ、息が舌の両側から流れ出るようにして発音します。

g　［コ］　舌の後部をうわあごにおしつけ、急に離して発音します。ガッコーの「コ」に近い発音です。息をつよく出しません。無気音です。

k　［こ］　舌の後部をうわあごにおしつけ、急に離して息をつよく出しながら発音します。有気音です。

h　［ホ］　舌の後部をうわあごに近づけ、その間から息を出しながら発音します。日本語の「ホ」よりあらあらしい感じです。

j　［チ］　舌面の前の方をうわあごにつけ、息をころして発音します。アチラコチラの「チ」に似ています。無気音です。

q　［ち］　舌面の前の方をうわあごにつけ、舌の先を下の歯の裏側に押しつけ、息をつよく出して発音します。ちかいの「ち」に似ています。有気音です。

x　［シ］　舌面の前の方をうわあごに近づけ、その間から息を出します。日本語の「シ」とだいたい同じです。

zh　［ズ］　舌の先を上にそらして、うわあごに押しつけ、息をころしかげんに、舌先とうわあごの間から出して発音します。日本語の「ズ」とは違って巻舌音の無気音です。

ch　［つ］　舌の先を上にそらして、うわあごに押しつけ、息を一時によく出して発音します。舌をそらし、口の奥の方で「つ」とつよく発音します。巻舌音の有気音です。

sh　［ス］　舌の先を上にそらせて、うわあごに近づける。息を舌の先とうわあごとの間から出して発音します。巻舌音です。

r　［り］　舌の先を上にそらせて、うわあごに近づけ、口の奥の

方で音を出すような気持で発音します。巻舌音です。

z　［ツ］　舌の先を上の歯のうらにおしつけ、息を舌の先と歯との間から出しながら発音します。日本語の「ツ」に近いです。無気音です。

c　［つ］　舌の先を上の歯のうらにおしつけ、息を舌の先と歯の間から、一時につよく出して発音します。有気音です。

s　［ス］　舌の先を上の歯のうらに近づけ、舌の上の歯との間から息を出して発音します。日本語の「ス」とだいたい同じです。

四声について

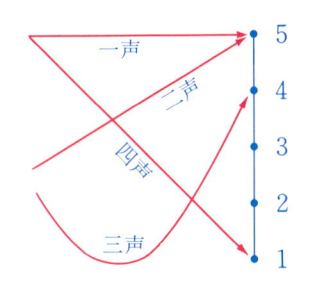

中国語には、どの音節にも一定の声調があり、これで意味を区別しています。これを四声といいます。

声調記号　一声　－　高くて平ら。
　　　　　二声　╱　中ぐらいから最高にあげる。
　　　　　三声　⌄　低いところから最低にさげ、さらに高いところまであげる。
　　　　　四声　╲　最高から最低までさげる。

軽声について

　一つの単語、あるいは一つの文の音節が固有の声調を失って、とても軽い音声を発音する時、これを軽声という。軽声はあまり力を入れないで、軽く短く発音する。書く時に軽声には声調符号をつけません。たとえば、

1-20　你们 Nǐ men（あなたたち）　他们 Tā men（彼たち）　哥哥 Gē ge（あに）
ニーメン　　　　　　　　ターメン　　　　　　　　コーコ

对不起 Duì bu qǐ（どうもすみません）
トェイ ブ チー

没关系 Méi guān xi（とんでもありません）
メイ コワン シ

40

中国のお茶

　お茶の歴史は約３千年前の周の時代から始まり、昔は薬として使われていましたが、その後しだいに生活の中でお茶をのむ風習が広まり、唐の時代には、陸羽という人が「茶経」という本をあらわしました。中国のお茶が、遣唐使や留学僧の手で日本へ持ちこまれたのも唐の時代だといわれています。それ以来、中国でも、日本でも、お茶をのむ風習が今日までつづき、お客さんが来れば、まずお茶を出すようになりました。
　お茶の種類も非常に多く、大ざっぱに次の六種類大別できます。
１．緑茶（緑茶 リュイ チャー）は浙江省ではよく取れ、杭州の竜井茶（龙井茶 ロン チン チャー）がその代表的なもので、緑茶の葉を全然発酵させていないのです。
２．紅茶（红茶 ホーン チャー）の主な産地は安徽省で、それを加工の過程中完全に発酵させたもので、苦みが少ないので砂糖を入れないで飲めます。
３．烏竜茶（乌龙茶 ウー ロン チャー）は台湾省、福建省がその産地です。代表的なものとして鉄観音（铁观音 テイ エ コワン イン）を上げられるでしょう。烏竜茶は半発酵茶で、油っこい中国料理の食後に飲むと脂肪を分解してコレステロールが残らず健康に良いとされ、日本でも、人気があります。
４．白茶（白茶 パイ チャー）はタンニンを多く含む高原地域で取れるお茶です。
５．ジャスミン茶（花茶 ホワー チャー、茉莉花茶 モー リー ホワー チャー）は中国では広い地域で取れ、ほかの茶にはないにおいが特徴です。
６．磚茶（砖茶 チョワン チャー）は発酵させて固めたもので、雲南省産の「普洱茶 プー アル チャー」がその代表的なものです。

中国のお酒

　中国がお酒を造る歴史はかなり長いです。4千年ほど前にさかのぼることもでき、中国のお酒は原料、こうじ、醸造方法、容器などその種類が非常に多く、各地にその風土に合ったそれぞれのお酒があります。大別すると、

１．白酒（白乾儿 パイカル） Bái jiǔ

　　白酒はコウリャンやとうもろこしなどの穀物から造った無色透明の蒸溜酒で、アルコールが50度以上ありますが、口あたりがやわらかです。

　国賓を迎える宴会や友人を迎えるレセプションにも使われる「茅台酒 マオ ダイ チィウ」はその代表的なものです。その産地は貴州省仁懐県茅台鎮です。

　茅台酒に匹敵する「五粮液 ウー リャン イエ」、「瀘州老窖特麺酒 ルー チョオウ ラオ チィヤオ トォ チュイ チィウ）は四川省瀘州の特産で、杏花を描いた白磁の瓶に入った「汾酒 フェン チィウ」は山西省汾陽県杏花村の特産で、アルコール65度の「西鳳酒 シー フォーン チィウ」は陝西省鳳翔県柳林鎮の特産というように、各地に名品があります。

２．黄酒（老酒 ラオ チィウ） Huáng jiǔ

　「黄酒 ホゥン チィウ」は米、あわなどを麦や米のこうじで発酵させて造ったもので、アルコールは15～20度ぐらいです。浙江省紹興県の名産「紹興酒 シャオ シーン チィウ」がもっとも代表的な老酒として日本でも有名でしょう。一口に紹興酒と言っても、その種類は多く、「紹興嘉飯酒 シャオ シーン チィヤ フェン チィウ」、「紹興花彫酒 シャオ シーン ホワー ティヤオ チィウ」、「紹興香雪 シャオ シーン シィヤーン シュエ」などがあげられます。

３．果実酒（果酒 グォ チィウ） Guǒshí jiǔ

果酒は果物から造った酒で、その種類も多いです。代表的なものは次のようにあげられます。

　1915年パナマ万国品評会で金メダルをとってから名づけられた「金奨白蘭地 チン チィヤーン パイ ラン ティー」（ブランディー）、「中国紅葡萄酒 チョオーン グォ ホーン プー タオ チィウ」（中国赤ワイン）、山東半島産の竜眼ぶどうと白ぶどう10数種類の漢方薬のエキスを加えて造ったベルモット「味美思ウェー メイ スー」、中国の人々に好まれる「桂花酒 コェイ ホワー チィウ」などがあります。

　薬草を病気の治療に使うと同様に、古くから薬草などを白酒に入れて造り出した薬酒の種類は少なくありません。竹の葉など10数種の薬草を加えた「竹葉青酒 チューイエチーンチィウ」、蛇のエキス入りの「三蛇酒 サン ショオ チィウ」、トカゲ入りの「蛤蚧酒 ハー チィエ チィウ」などの滋養、強壮のための薬酒も色々あります。

4．啤酒 ピー チィウ（ビール）
<small>Pi jiŭ</small>

　中国ではビールの中で一番有名なのは青島ビール、ほかに北京ビール、五星ビール、上海ビール、昆明ビールなどがあります。

中國 名酒

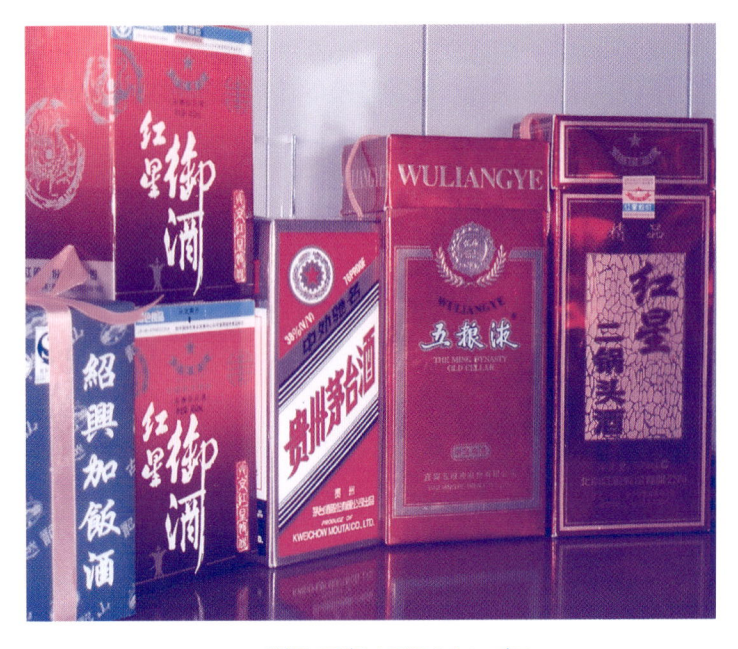

紹興加飯

紹興釀酒總廠
SHAOXING WINERY

紹こう酒　紹興酒
　　　　　シャオ シーン チイウ

中国の祭日

　中国には新中国成立後に法律に決められた祝日の外、各民族の伝統的な祝祭日があります。ここでは祝日と伝統祝祭日について紹介します。

　新中国が成立されてから、西暦年号を採用し、国の予算、計画など公暦年号を使います。祝日も同じようにしています。
　〈元旦〉　1月1日は元旦あるいは新年ともいいます。この日は一年の始まりで、新しい年の訪れを中国の人々は心からお祝いします。元旦の日は休みます。
　〈国際婦人デー〉　3月8日は世界の婦人が団結して解放を勝ち取るための記念日です。この日、中国の婦人たちはいろんな祝賀行事や記念活動に参加します。
　〈メーデー〉　5月1日は労働者階級の闘争力とプロレタリア階級の連帯を示す国際的記念日です。この日は一日休みます。
　〈青年節〉　1919年5月4日北京の愛国的な学生が帝国主義の侵略と略奪反対、売国的な軍閥政府反対の集会を開き、デモを行って、反帝・反封建の大規模な大衆運動に発展していきました。毎年5月4日青年たちは多様な記念活動を行います。
　〈児童節〉　新中国成立後の1949年12月、中国政府は6月1日を中国の子供の日―児童節に決めました。この日子供たちは豊富多彩な交歓会などの記念活動を行います。
　〈中国共産党成立記念日〉　1921年7月1日に中国共産党は成立されました。
　〈建軍節〉　1927年8月1日中国共産党の指導した江西省南昌武装蜂起は成功しました。この日を建軍記念日と決めました。
　〈国慶節〉　1949年10月1日は建国記念日です。中国共産党に指導される人民解放軍は、長期の武装闘争によって全中国を解放

しました。1949年10月1日毛沢東は天安門の楼上で全世界に向って「人類総数の四分の一を占めている中国人がこの時から立ち上がった。」と宣言しました。こうして中華人民共和国が誕生したのです。この日を国慶節と決めました。2日休みで、全国盛大な祝賀行事が行われます。

中国は多民族の国です。政府の決めた祝日のほかに各民族にはそれぞれの伝統的祝祭日があります。主なものを紹介すると次の通りです。

〈春節〉　春節は旧暦の新年です。陽暦でいうと1月の下旬から2月の中旬までの間になります。この時冬が過ぎ、春がいよいよ訪れようとする季節です。昔、人々は一年の始めに天地の神様を祭り、祖先をしのび、五穀の豊穣を祈り、万事の順調を祈って心ゆくまで春節を楽しみます。春節は3日休みます。その間人々は親戚や友人を訪ねたり、演劇やスポーツ競技などを見たりして楽しく過します。近年来、都会では「迎春」(春節を迎える)市内一周マラソン競走が行われます。大晦日の夜、夜通し寝ずに友人や、親戚や家族と一緒にトランプや象棋(中国将棋)や麻雀などをやったりします。その夜零時になると「除旧迎新」(古い一年を送り、新しい一年を迎えてくる)といって、いろんな爆竹を鳴して大騒します。

〈元宵節〉 旧暦正月15日は元宵(団子)節です。「燈会」ともいいます。これは一世紀ころから始まったといわれています。現在ではこの日人々は、元宵を食べ、町中に展示されている色とりどりの燈籠を観賞してさかんに楽しみます。

〈清明節〉 清明は二十四気節の一つで春分後の十五日目、陽暦の4月5日前後です。新中国成立後はこの日になると革命のために亡くなった人の墓参り等の行事を行います。

〈端午節〉 旧暦の5月5日は端午節です。これは戦国時代楚国の詩人屈原を記念する日といわれています。屈原が楚国の前途を悲しみ憂えて5月5日に現在湖南省境内にある汨羅江に身を投じて自ら命を断ちました。人々が屈原を救おうとして競って船を漕ぎ出したといい伝えられ、現在端午節に使われる龍船競走もそのためだといわれています。この日が来ると人々は粽子(ちまき)を食べる風習も屈原と関係があります。屈原の死後、人々は魚が屈原の屍を喰い荒さないように5月5日になると粽子を作って河川に投げたといわれ、粽子を食べる風習も屈原をしのぶといわれています。

〈中秋節〉 旧暦の8月15日は中秋節です。昔から人々はこの日が来ると月を拝み、月を祭り、一家揃って月餅を食べる風習も今日まで続けてきました。

〈潑水節〉(水かけ祭り) これは中国雲南省に住んでいるタイ族の正月の祭りで、清明節から数えて10日過ぎ前後です。その日になると人々は水をかけたり、かけられたりして、互に幸福を祈ります。

〈蔵暦年〉 蔵暦は旧暦とほぼ同じです。蔵暦年はチベット族の新年です。ソンツェンガンポとその妻文成公主に対して敬虔の意を表わすために油炸果、ヤギの頭、酥油茶、青稞麦酒などを作って食棚やテーブルの上に並べます。

〈火把節〉 火把節はイ一族の人たちが火を使う祭りです。旧暦の6月24日から1日間か3日間行われます。祭りの間、イ一族

の人々は盛装して、昼は競馬、闘牛、レスリング、弓矢などをやり、夜になると、集まる場所の周囲に1100束の松明を燃やしてかがり火の会を催し、行列を作って街に繰り出します。

中国の親族関係表と称呼

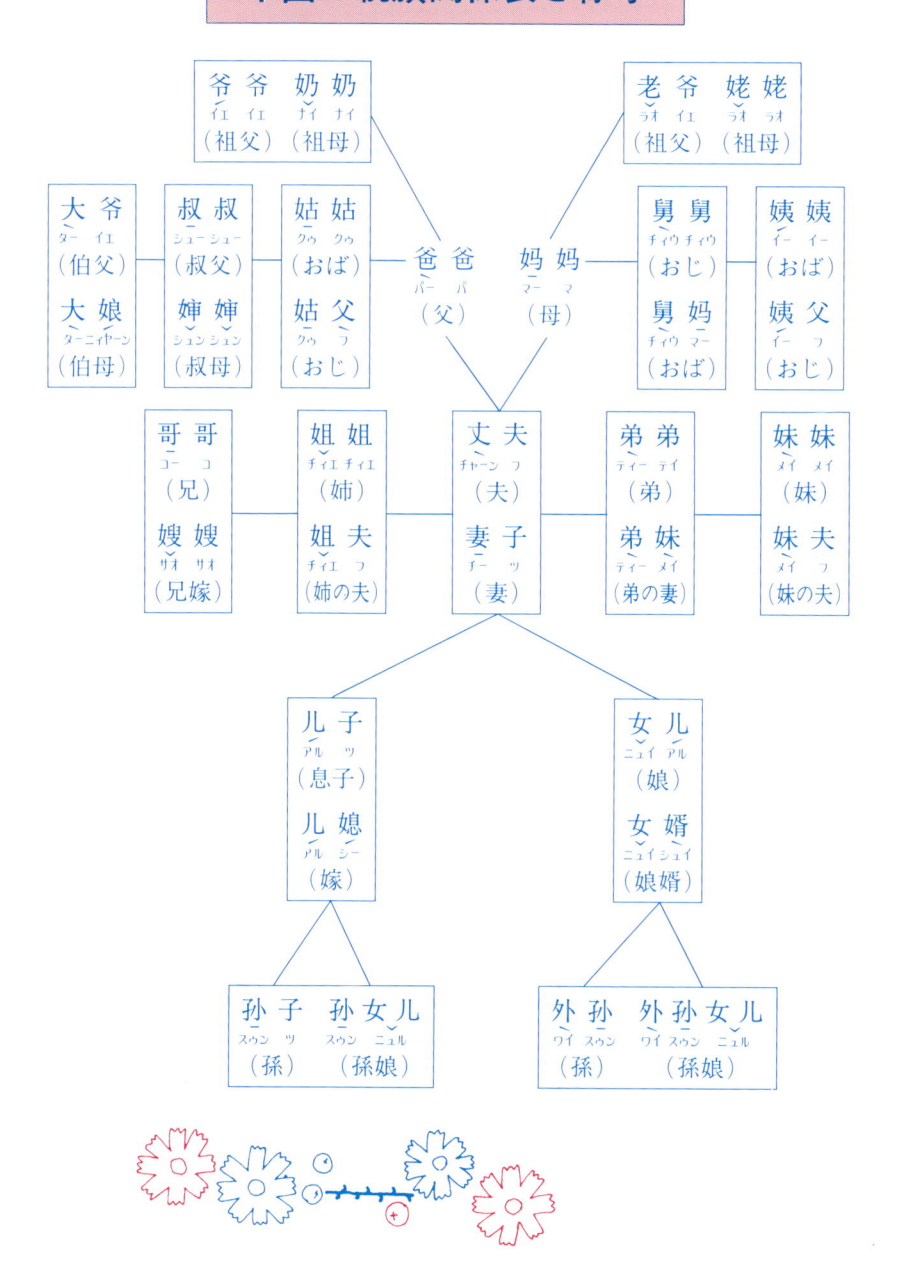

- 爷爷 イェイェ（祖父）／奶奶 ナイナイ（祖母）
- 老爷 ラオイェ（祖父）／姥姥 ラオラオ（祖母）

- 大爷 ターイエ（伯父）／大娘 ターニィヤーン（伯母）
- 叔叔 シューシュー（叔父）／婶婶 シュンシュン（叔母）
- 姑姑 クークー（おば）／姑父 クーフ（おじ）
- 爸爸 パーパ（父）／妈妈 マーマ（母）
- 舅舅 チィウチィウ（おじ）／舅妈 チィウマー（おば）
- 姨姨 イーイー（おば）／姨父 イーフ（おじ）

- 哥哥 コーコ（兄）／嫂嫂 サオサオ（兄嫁）
- 姐姐 チィエチィエ（姉）／姐夫 チィエフ（姉の夫）
- 丈夫 チャーンフ（夫）／妻子 チーツ（妻）
- 弟弟 ティーティ（弟）／弟妹 ティーメイ（弟の妻）
- 妹妹 メイメイ（妹）／妹夫 メイフ（妹の夫）

- 儿子 アルツ（息子）／儿媳 アルシー（嫁）
- 女儿 ニュイアル（娘）／女婿 ニュイシュイ（娘婿）

- 孙子 スゥンツ（孫）／孙女儿 スゥンニュル（孫娘）
- 外孙 ワイスゥン（孫）／外孙女儿 ワイスゥンニュル（孫娘）

49

人　体

🔊 1-21

頭　头 tóu
トォウ

顔　脸 liǎn
リェン

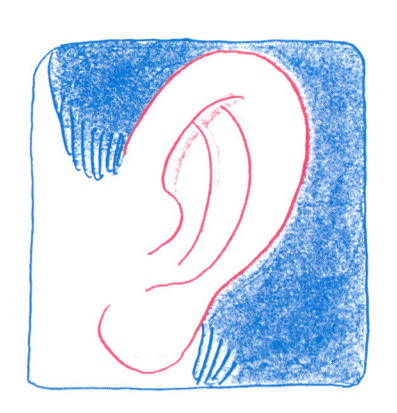

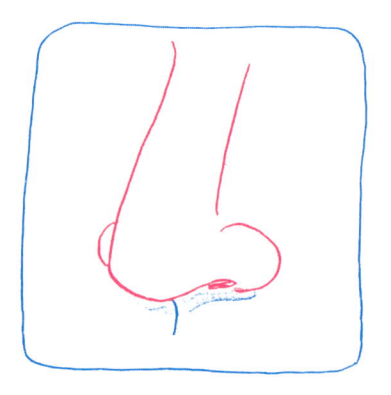

耳　耳朵 ěr duo
アル トゥオ

はな　鼻子 bí zi
ピー ツ

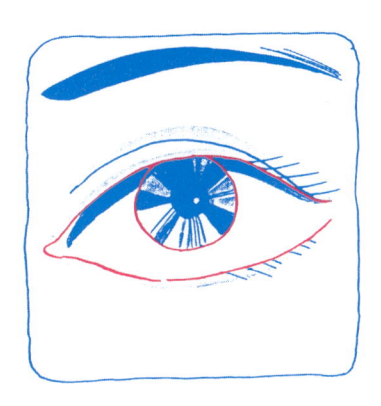

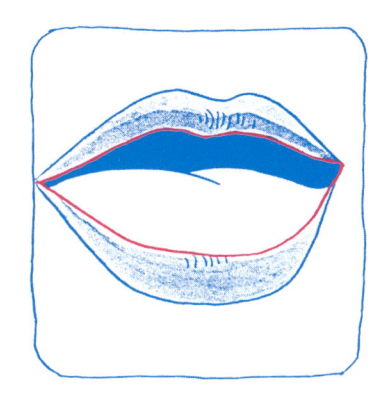

目 眼睛
yǎn jīng
イェン チーン

口 嘴
zuǐ
ツォエイ

🔊 1-22

くび 颈
jǐng
チーン

かた 肩
jiān
チィエン

🎧 1-23

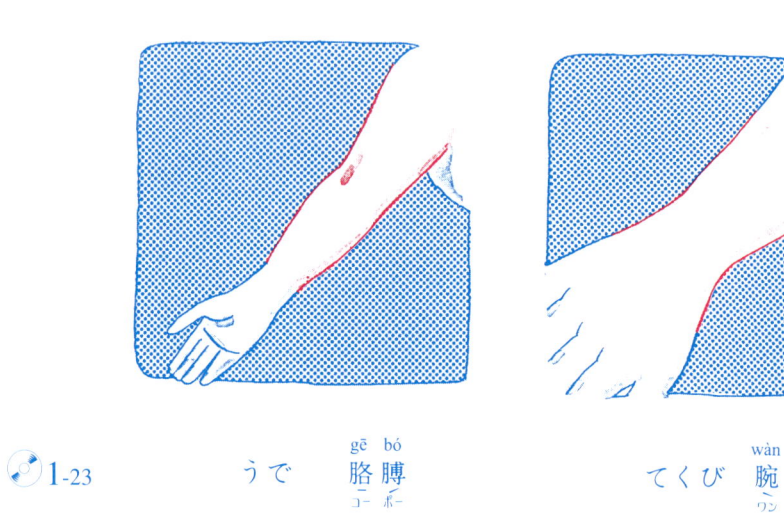

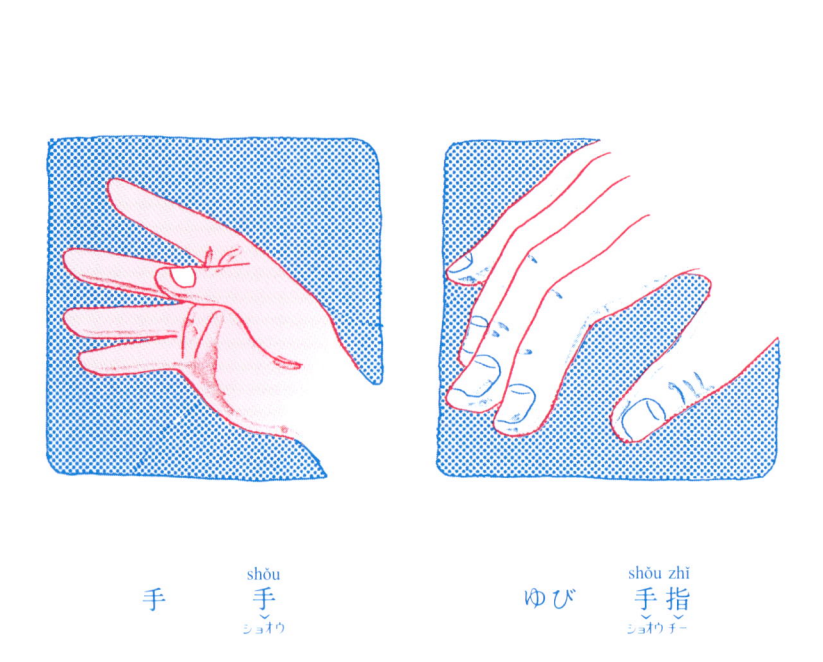

うで 胳膊 gē bó (コーボー)

てくび 腕 wàn (ワン)

手 shǒu (ショウ)

ゆび 手指 shǒu zhī (ショウチー)

52

むね 胸 xiōng シィオーン

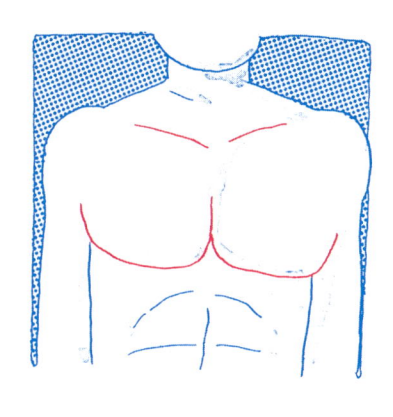

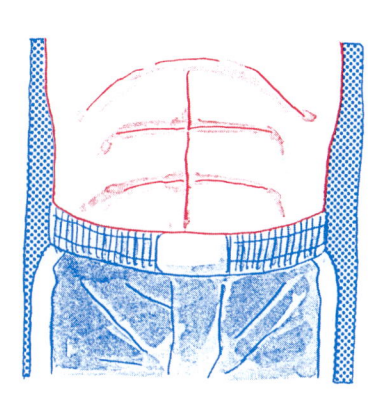

はら 腹 fú フー

1-24

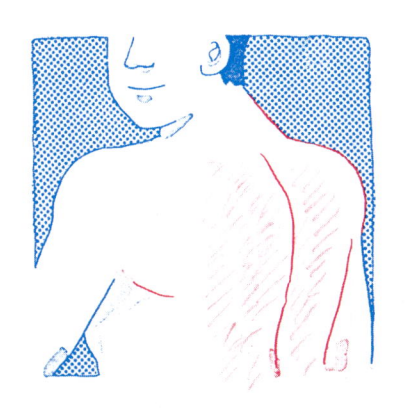

せなか 背 bèi ベイ

53

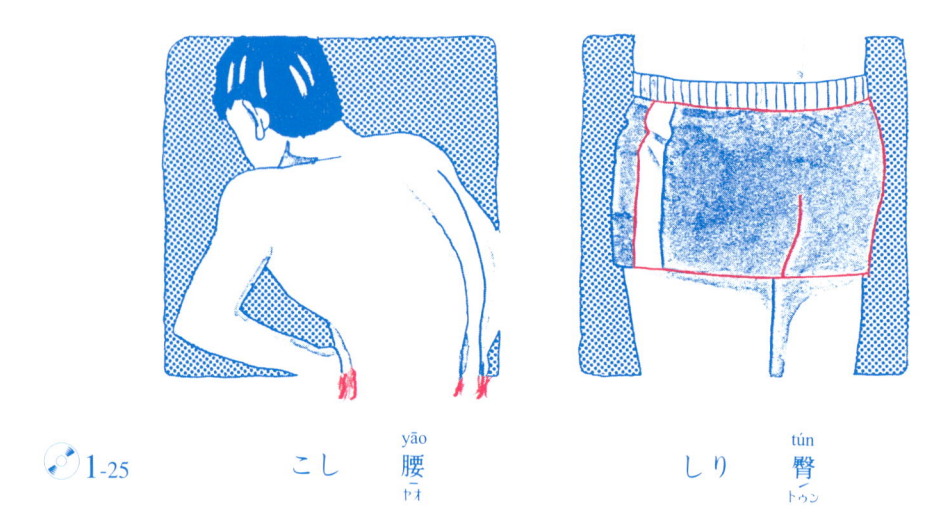

🎧 1-25

こし 腰 yāo / ヤオ

しり 臀 tún / トゥン

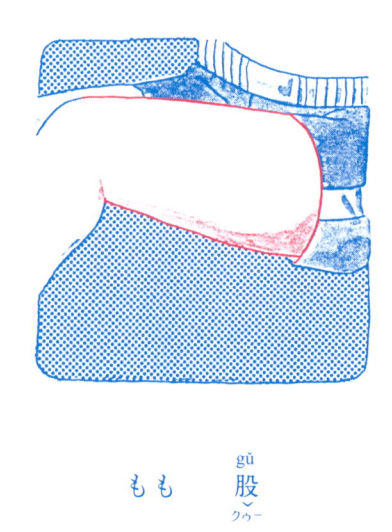

もも 股 gǔ / クゥー

ひざ 膝 Xī シー

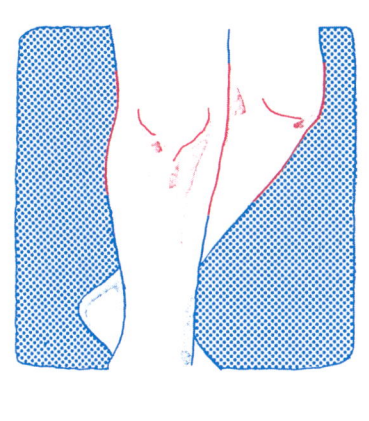

🎧 1-26

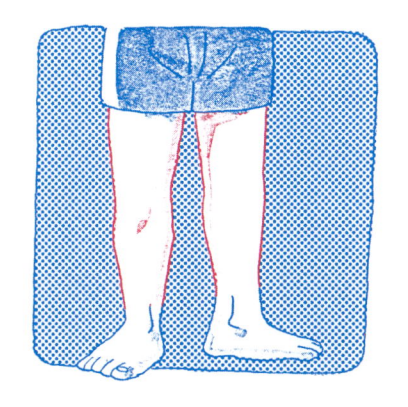

足 脚 jiǎo チィヤオ

くるぶし 踝 huái ホワイ

中国の行政区画

　中国の行政区画は現在4つの直轄市、2つの特別区、5つの自治区、23の省に分けられています。直轄市、自治区、省はそれぞれ同じクラスの行政区画です。日本で言えば都道府県に相当します。省、自治区は自治州、県、自治県、市に、直轄市や比較的大きな市は区、県に、自治州は県、自治県に区画され、その県や自治県などは郷、民族郷、鎮というふうに行政区画に分けられています。

中国の民族

　中国は多民族の国で、960万平方キロメートルに及ぶ広大な国土には56もの民族が住んでいます。その中で人口の最も多い民族は漢民族です。漢民族の人口は全国人口総数の約92％を占めています。その他の55の民族の人口は少ないため、少数民族と通称されています。

基本的な単語を憶えましょう

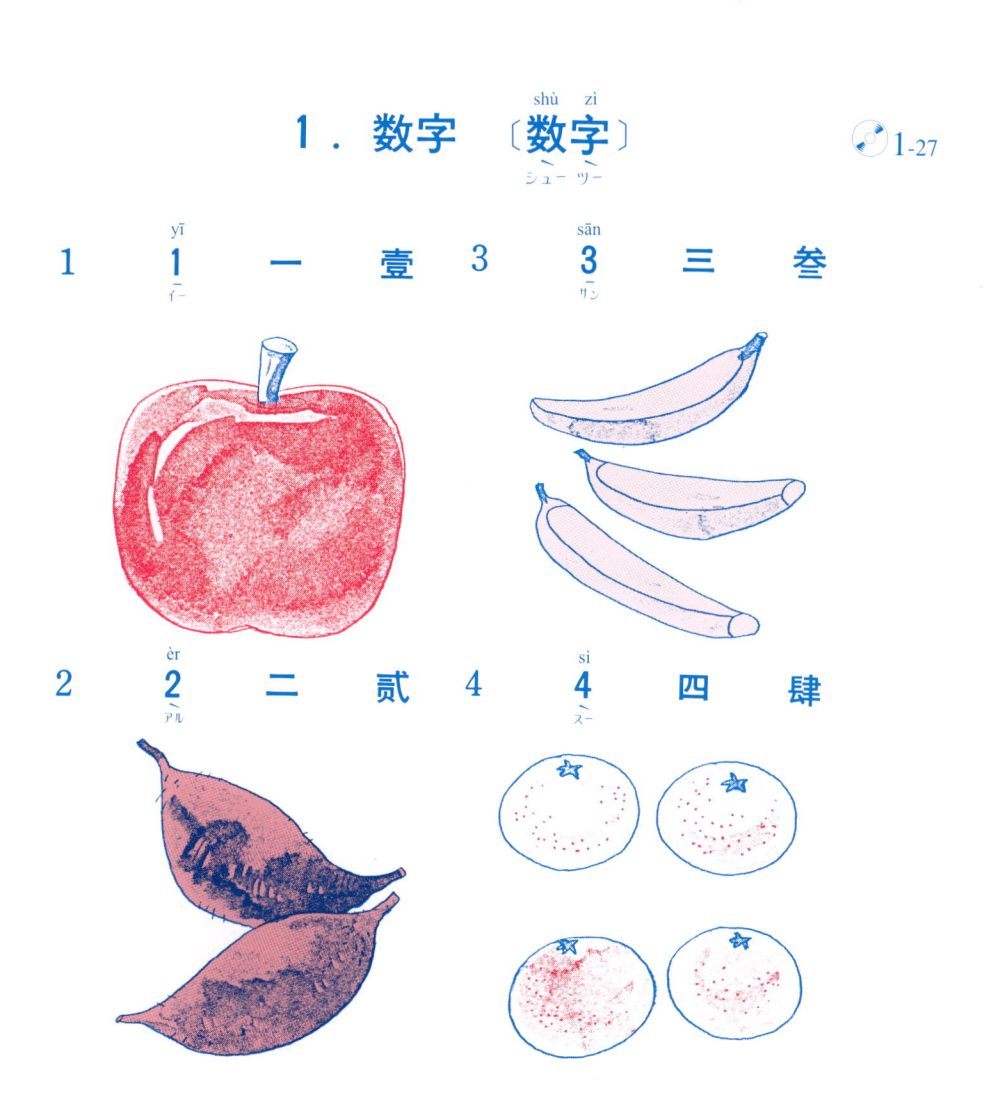

1．数字 〔数字〕
shù zi
シュー ツー

1-27

1 1 一 壹   3 3 三 叁
   yī   sān
   イー   サン

2 2 二 貳   4 4 四 肆
   èr   sì
   アル   スー

5 **5** 五 伍 7 **7** 七 柒
wǔ　　　　　　　qī

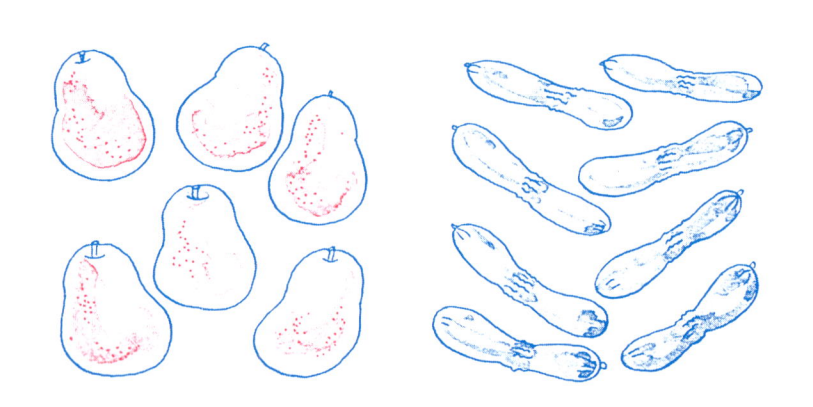

6 **6** 六 陆 8 **8** 八 捌
liù　　　　　　　bā

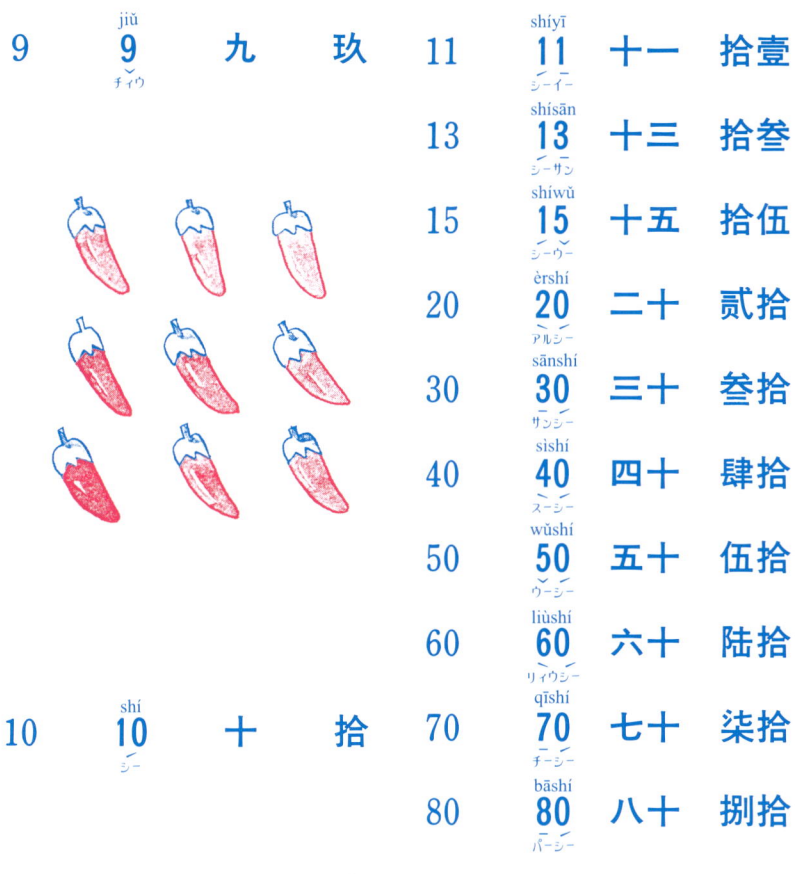

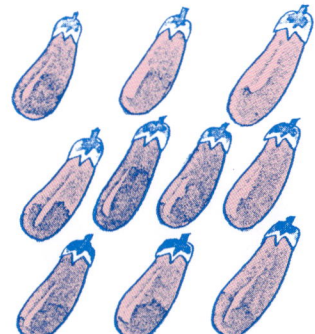

9	jiǔ 9 チィウ	九	玖	11	shíyī 11 シーイー	十一	拾壹
				13	shísān 13 シーサン	十三	拾叁
				15	shíwǔ 15 シーウー	十五	拾伍
				20	èrshí 20 アルシー	二十	贰拾
				30	sānshí 30 サンシー	三十	叁拾
				40	sìshí 40 スーシー	四十	肆拾
				50	wǔshí 50 ウーシー	五十	伍拾
				60	liùshí 60 リィウシー	六十	陆拾
10	shí 10 シー	十	拾	70	qīshí 70 チーシー	七十	柒拾
				80	bāshí 80 バーシー	八十	捌拾

90	90 jiǔshí チィウシィ	九十	玖拾
100	100 yìbǎi イーバイ	一百	壹佰
1000	1000 yìqiān イーチィエン	一千	壹千
10000	10000 yíwàn イーワン	一万	壹万
100000	100000 shíwàn シーワン	十万	拾万
1億	一亿 yíyì イーイー	一亿	壹亿
1兆	一兆 yízhào イーチャオ	一兆	壹兆

※ 中国では現在、数字の書き方は以上の三つが使用されています。ただ「壹、貳……」などは金融関係の書類や重要文書で使われており、日常的にはあまり使われません。

2．時間　〔时间〕
shí jiān
シーチィエン

1-28

| 1時 | 一点 yī diǎn イー ティエン | 2時 | 两点 liǎng diǎn リィヤーンティエン |

| 3時 | 三点 sān diǎn サン ティエン | 4時 | 四点 sì diǎn スー ティエン |

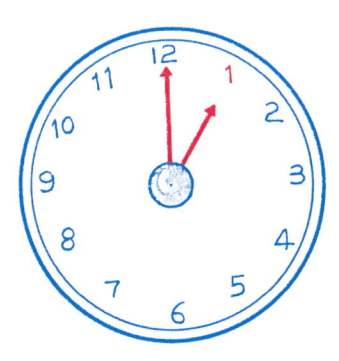

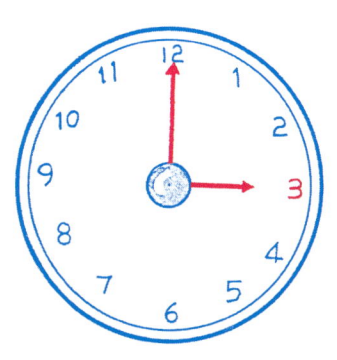

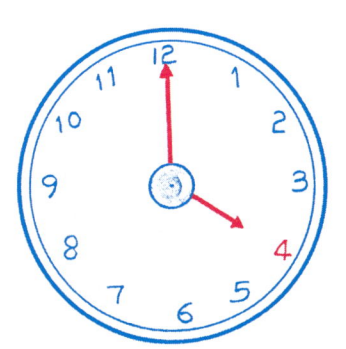

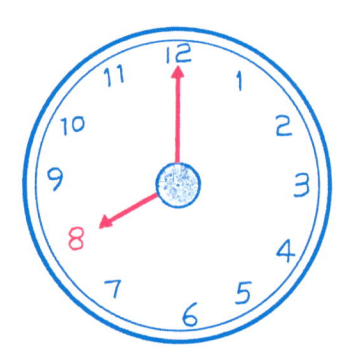

5時 **五点** wǔ diǎn ウー ティエン	6時 **六点** liù diǎn リィウ ティエン
7時 **七点** qī diǎn チー ティエン	8時 **八点** bā diǎn パー ティエン

9時 　九点
　　jiǔ diǎn
　　チィウ ティエン

10時 　十点
　　shí diǎn
　　シー ティエン

11時 　十一点
　　shí yī diǎn
　　シー イー ティエン

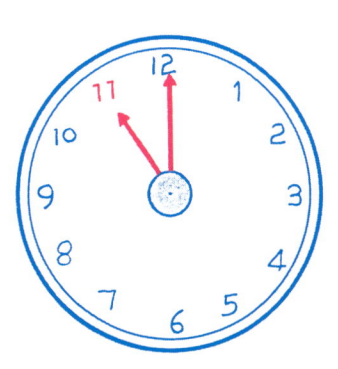

12時 　十二点
　　shí èr diǎn
　　シー アル ティエン

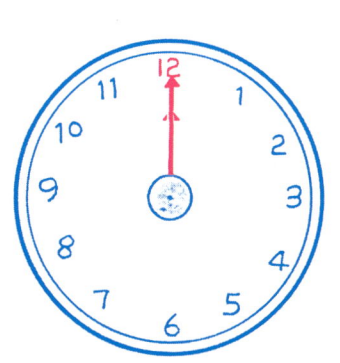

8時10分前　　<ruby>八<rt>bā</rt></ruby> <ruby>点<rt>diǎn</rt></ruby> <ruby>差<rt>chà</rt></ruby> <ruby>十<rt>shí</rt></ruby> <ruby>分<rt>fēn</rt></ruby>
バー ティエン チャー シー フェン

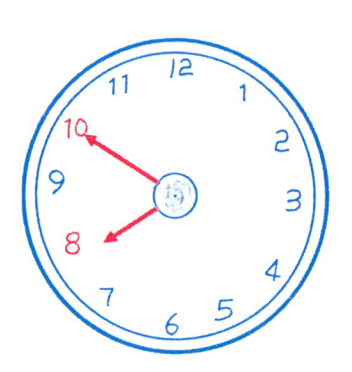

9時5分すぎ　　<ruby>九<rt>jiǔ</rt></ruby> <ruby>点<rt>diǎn</rt></ruby> <ruby>过<rt>guò</rt></ruby> <ruby>五<rt>wǔ</rt></ruby> <ruby>分<rt>fēn</rt></ruby>
チィウ ティエン クオ ウー フェン

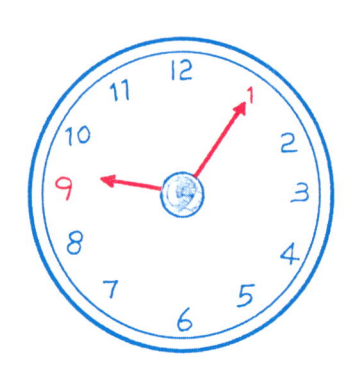

10時半　十点半
　　　　shí diǎn bàn
　　　　シー ティエン パン

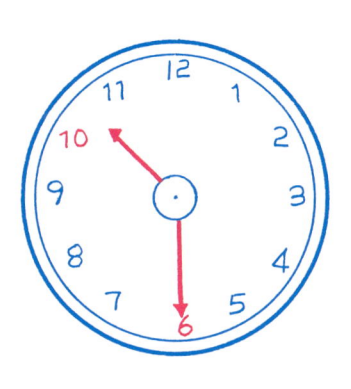

30分　三十分
　　　sān shí fēn
　　　サン シー フェン

半時間　半小时
　　　　bàn xiǎo shí
　　　　パン シィヤオ シー

2時間半　两个半小时
　　　　　liǎng ge bàn xiǎo shí
　　　　　リィヤーン コ パン シィヤオ シー

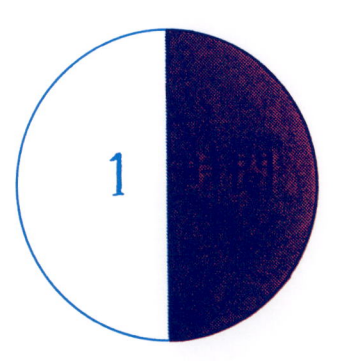

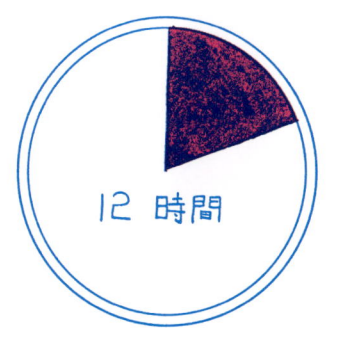

12 時間

🔊 1-29

3. 日〔日期〕
<ruby>日期<rt>rì qī</rt></ruby>
(リーチー)

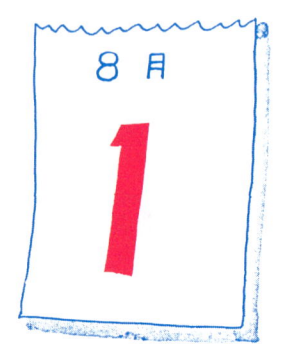

1日	一日 (yī rì / イーリー)	一号 (yí hào / イーハオ)
2日	二日 (èr rì / アルリー)	二号 (èr hào / アルハオ)
3日	三日 (sān rì / サンリー)	三号 (sān hào / サンハオ)

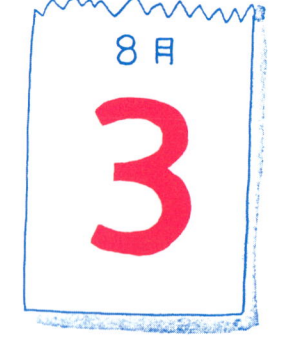

4日
sì rì
四 日
スー リー

sì hào
四 号
スー ハオ

8月
4

5日
wǔ rì
五 日
ウー リー

wǔ hào
五 号
ウー ハオ

8月
5

6日
liù rì
六 日
リィウ リー

liù hào
六 号
リィウ ハオ

8月
6

7日
qī rì
七 日
チー リー

qī hào
七 号
チー ハオ

8月
7

8日
bā rì / bā hào
八日 / 八号

9日
jiǔ rì / jiǔ hào
九日 / 九号

10日
shí rì / shí hào
十日 / 十号

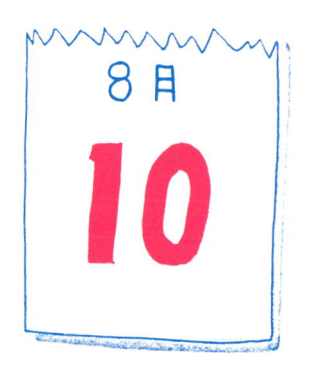

11日	十一日 shí yī rì シー イー リー	十一号 shí yī hào シー イー ハオ
12日	十二日 shí èr rì シー アル リー	十二号 shí èr hào シー アル ハオ
13日	十三日 shí sān rì シー サン リー	十三号 shí sān hào シー サン ハオ
14日	十四日 shí sì rì シー スー リー	十四号 shí sì hào シー スー ハオ
15日	十五日 shí wǔ rì シー ウー リー	十五号 shí wǔ hào シー ウー ハオ
16日	十六日 shí liù rì シー リィウ リー	十六号 shí liù hào シー リィウ ハオ
17日	十七日 shí qī rì シー チー リー	十七号 shí qī hào シー チー ハオ
18日	十八日 shí bā rì シー パー リー	十八号 shí bā hào シー パー ハオ
20日	二十日 èr shí rì アル シー リー	二十号 èr shí hào アル シー ハオ
30日	三十日 sān shí rì サン シー リー	三十号 sān shí hào サン シー ハオ
31日	三十一日 sān shí yī rì サン シー イー リー	三十一号 sān shí yī hào サン シー イー ハオ

※ 日をいう場合は日常的には1号、2号というように"号"を使います。

4. 月 〔月份 yuè fèn〕

1月	一月 yī yuè	月の初め	月初 yuè chū
2月	二月 èr yuè	月の中ば	月中 yuè zhōng
3月	三月 sān yuè	月末	月末 yuè mè
4月	四月 sì yuè	上旬	上旬 shàng xún
5月	五月 wǔ yuè	中旬	中旬 zhōng xún
6月	六月 liù yuè	下旬	下旬 xià xún
7月	七月 qī yuè	年、月、日	年、月、日 nián yuè rì
8月	八月 bā yuè		
9月	九月 jiǔ yuè		
10月	十月 shí yuè		
11月	十一月 shí yī yuè		
12月	十二月 shí èr yuè		

5．曜日と時　〔星期和时刻〕
xīng qī hé shí kè
シーンチー ホオ シー コオ

月曜日　星期一
xīng qī yī
シーン チー イー

火曜日　星期二
xīng qī èr
シーン チー アル

水曜日　星期三
xīng qī sān
シーン チー サン

木曜日　星期四
xīng qī sì
シーン チー スー

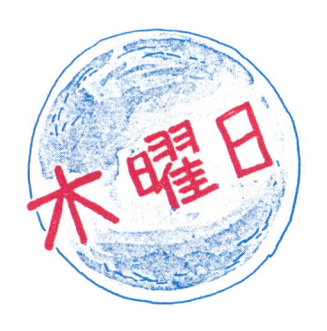

金曜日　星期五 (xīng qī wǔ) シーチーウー

土曜日　星期六 (xīng qī liù) シーチーリゥ

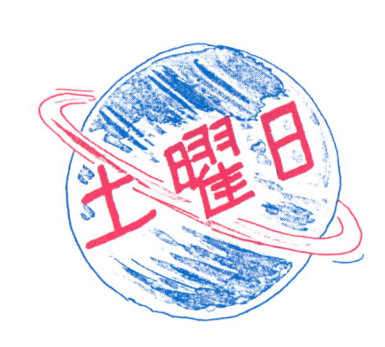

日曜日　星期日 (xīng qī rì) シーチーリー

何曜日　星期几 (xīng qī jǐ) シーチーチー

先週　上周 (shàng zhōu) シャーンチョウ

今週　本周 (běn zhōu) ベンチョウ

来週　下周 (xià zhōu) シヤチョウ

何週間　几周 (jǐ zhōu) チーチョウ

四週間　四周 (sì zhōu) スーチョウ

週末　周末 (zhōu mè) チョウモー

朝　早晨（zǎo chén　ツァオ チェン）　昼　白天（bái tiān　バイ ティエン）

晩　晩上（wǎn shang　ワン シャーン）

午前　上午 shàng wǔ（シャーンウー）　午後　下午 xià wǔ（シヤウー）

夕方　傍晚 bāng wǎn（パーンワン）

6．方角と位置 〔方向和位置〕

fāng xiàng hé wèi zhì
ファンシィヤーンホオウェイチー

1-31

上　**上**
　　shàng
　　シャーン

下　下
xià
シィヤ

75

左 **左**
zuǒ
ツゥオ

右 **右**
yòu
ヨオウ

| 前 | qián 前 チィエン | うしろ | hòu 后 ホォウ |

東	dōng 东 トーン	東南	dōng 东 トーン / nán 南 ナン
西	xī 西 シー	西南	xī 西 シー / nán 南 ナン
南	nán 南 ナン	東北	dōng 东 トーン / běi 北 ベイ
北	běi 北 ベイ	西北	xī 西 シー / běi 北 ベイ

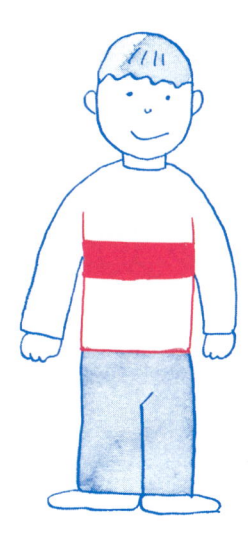

7. 季節 〔季节〕
jì jié
チーチィエ

春 **春** chūn チュン

初春 **初春** chū chūn チューチュン

夏 **夏** Xià シィヤ

盛夏 **盛夏** Shèng xià ショーンシィヤ

秋　　　qiū
　　　　秋
深秋　　チィウ
　　　shēn qiū
　　　深秋
　　　シェン チィウ

　　　　　　　　　　dōng
　　　　　冬　　　冬
　　　　　　　　　トーン
　　　　　　　　yán dōng
　　　　厳冬　　严冬
　　　　　　　　イェン トーン

8．こ・そ・あ・ど〔指示词 zhǐ shì cí〕

これ　这个 zhè ge
それ ｝　那个 nà ge
あれ
どれ　哪个 nǎ ge

この　这 zhè
その ｝　那 nà
あの
どの　哪 nǎ

ここ　这里 zhè lī
そこ ｝　那里 nà li
あそこ
どこ　哪里 nǎ li

こちら　这边 zhè biān
そちら ｝　那边 nà biān
あちら
どちら　哪边 nǎ biān

9．人称代名詞 〔人称代词〕 rén chēng dài cí

1-32

あなた	你、您 (nǐ, nín)	この人	这个人 (zhè ge rén)
わたし	我 (wǒ)	その方	那位 (nà wèi)
彼	他 (tā)	だれ	谁 (shéi)
彼女	她 (tā)	どなた	哪位 (nǎ wèi)
あなたたち	你们 (nǐ men)		
わたしたち	我们 (wǒ men)		
かれたち	他们 (tā men)		
彼女たち	她们 (tā men)		

※ "们"は複数を表わします。"您"は"你"の敬語です。現代中国語の人称代名詞は以上で、昔のような謙譲語はほとんど使われていません。相手を呼ぶ時は、名前で構いませんが相手の年を見あわせて苗字の前に"小"か"老"をつけます。例えば"小张"、"老李"など。また、その人の肩書きを呼んでも構いません。

🎧 1-33　10．くだ物と飲み物　〔**水果和饮料**〕
shuǐ guǒ hé yǐn liào
シュエイクオ ホオ インリィヤオ

りんご　**苹果**
píng guǒ
ピーン グオ

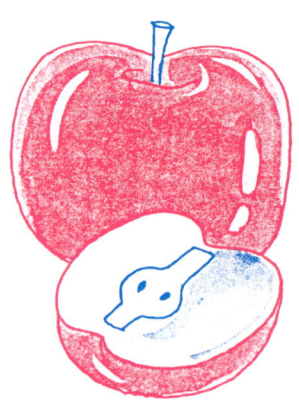

バナナ　**香蕉**
xiāng jiāo
シィヤーンチィヤオ

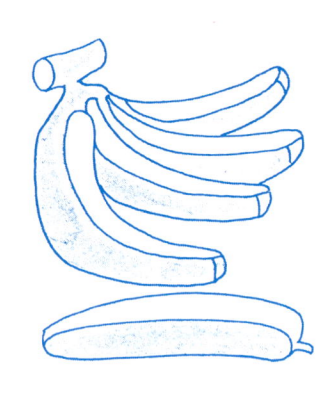

なし　**梨**
lí
リー

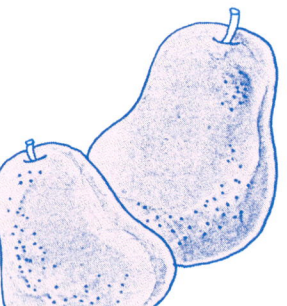

みかん　**桔子**
jú zi
チュイ ツ

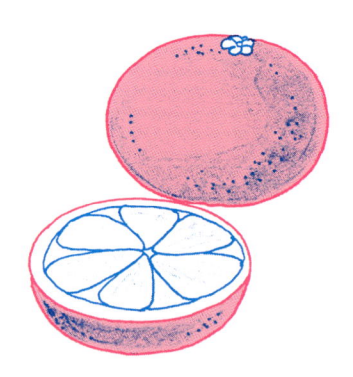

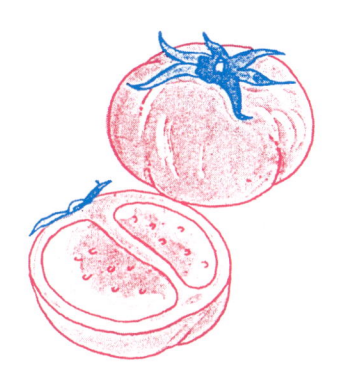

ぶどう　^{pú　tao}葡萄　　　トマト　^{xī hóng shi}西红柿

すいか　^{xī guā}西瓜　　　栗　^{lì zi}栗子

ヤシ　　椰子(yē zi)　　メロン　　白兰瓜(bái lán guā)

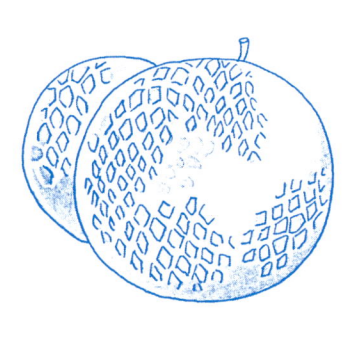

レイシ　　荔枝(lì zhī)　　ビール　　啤酒(pí jiǔ)

| コーヒー | 咖啡 kā fēi (カーフェイ) | お茶 | 茶水 chá shuǐ (チャーシュエイ) |

| ジュース | 桔子水(儿) jú zi shuǐr (チュイ ツ シュアル) | ミルク | 牛奶 niú nǎi (ニィウ ナイ) |

11. 野菜と食品 〔蔬菜和食品〕
shū cài hé shí pǐn
シューツァイ ホォ シー ピン

キャベツ　元白菜　じゃがいも　马铃薯
yuán bái cài／ユワン バイ ツァイ
mǎ líng shǔ／マー リーン シュー

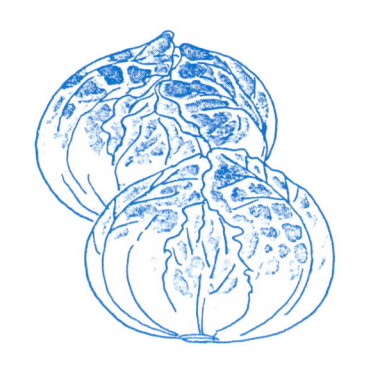

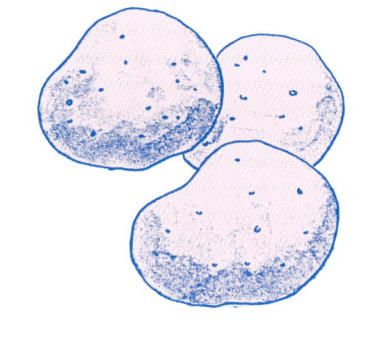

にんじん　胡萝卜　ほうれんそう　菠菜
hú luó po／フゥー ルゥオ ブ
bō cài／ブオ ツァイ

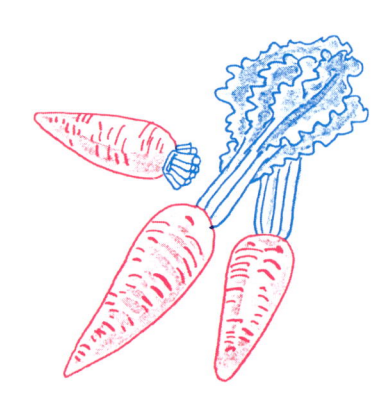

白菜　　　白菜(bái cài) パイ ツァイ　　　セリ　　　芹菜(qín cài) チン ツァイ

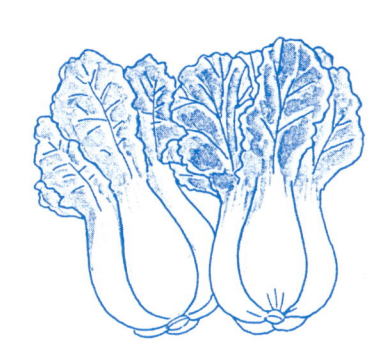

なす　　　茄子(qié zi) チィエ ツ　　　きゅうり　　　黄瓜(huáng guā) ホワーン コワ

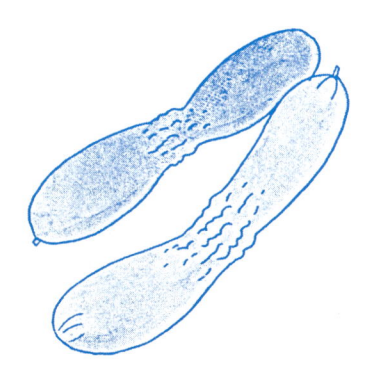

| もやし | 豆芽 (dòu yá) | 大根 | 大萝卜 (dà luó bo) |

| たまご | 鸡蛋 (jī dàn) | 米 | 米 (mǐ) |

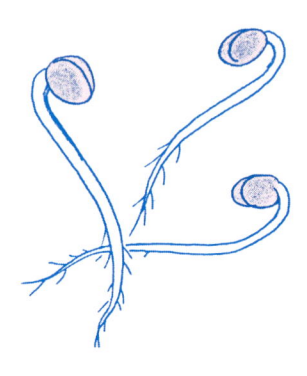

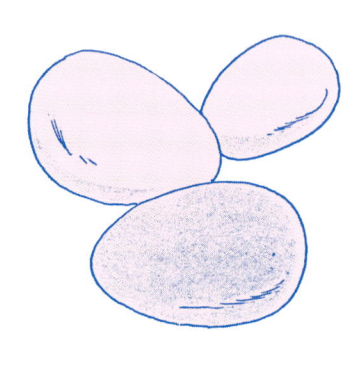

パン　　　miàn bāo　　　メリケンコ　　miàn fēn
　　　　　面包　　　　　　　　　　　面粉
　　　　ミィエン バオ　　　　　　　　ミィエン フェン

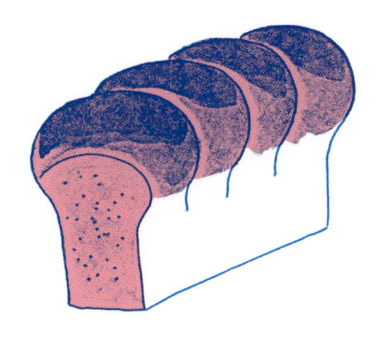

ギョウザ　jiǎo zi
　　　　　饺子
　　　　チィヤオ ツ

うどん　面条 miàn tiáo (ミィエンティヤオ)

砂糖　白糖 bái táng (パイターン)　しょうゆ　酱油 jiàng yóu (チィヤーンヨウ)
塩　盐 yán (イェン)

12. 魚と肉 〔鱼、肉〕

yú ròu
yu rou
ユイ ロォウ

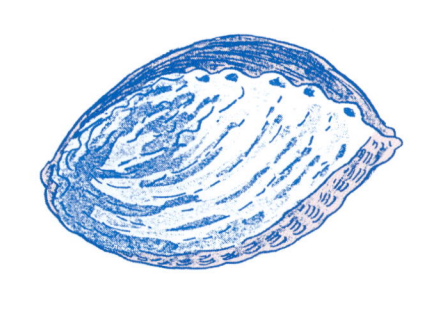

1-35

あわび　　鲍鱼　　　イカ　　　乌贼
　　　　　bào yú　　　　　　　wū zéi
　　　　　パオ ユイ　　　　　　ウー ツェイ

マグロ　　金枪鱼
　　　　　jīn qiāng yú
　　　　　チン チィヤーン ユイ

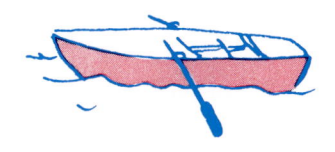

さけ　　**鮭鱼** guī yú
　　　　コェイ ユイ

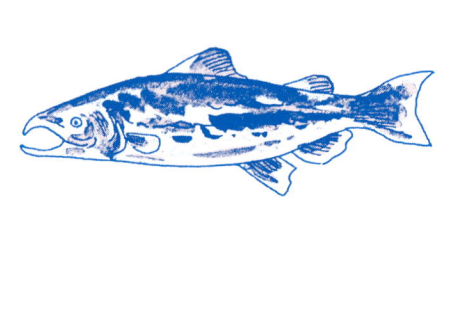

こい　　**鲤鱼** lǐ yú　　たち魚　　**带鱼** dài yú
　　　　リー ユイ　　　　　　　　タイ ユイ

スルメイカ 鱿鱼(yiú yú / ヨウ ユイ)　　カニ 螃蟹(páng xiè / パーン シィエ)

ナマコ 海参(hǎi shēn / ハイ シン)　　うなぎ 鳝鱼(shàn yú / シャン ユイ)

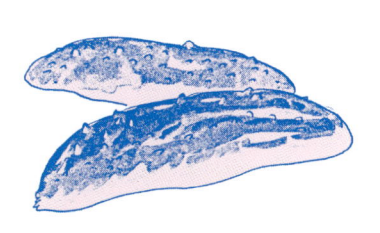

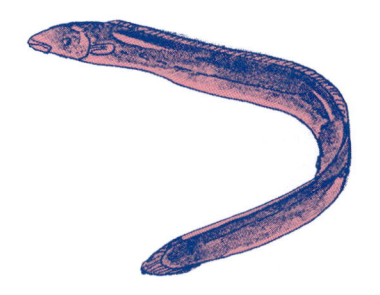

たい　　　鲫鱼　　石もち　　鳇鱼
　　　　 jī yú　　　　　　huáng yú
　　　　 チーユイ　　　　 ホワーンユイ

ナマズ　　鲇鱼
　　　　 nián yú
　　　　 ニェンユイ

| 牛肉 | 牛肉 niú ròu (ニィウ ロオウ) | 豚肉 | 猪肉 zhū ròu (チュー ロオウ) |

| とり肉 | 鸡肉 jī ròu (チー ロオウ) | 羊の肉 | 羊肉 yáng ròu (ヤーン ロオウ) |

13. 乗りもの 〔交通工具〕

jiāo tōng gōng jù

自転車	自行车 zì xíng chē
飛行機	飞机 fēi jī
フェリー	轮船 lún chuán
電車	电气火车 diàn qì huǒ chē
汽車	火车 huǒ chē
バス	公共汽车 gōng gòng qì chē
トロリーバス	无轨电车 wú guǐ diàn chē
タクシー	出租车 chū zū chē
地下鉄	地铁 dì tiě
オートバイ	摩托车 mó tuō chē
バイク	轻骑 qīng qí

ボート　**小船**
xiǎo chuán
シィヤオチョウン

ヘリコプター　**直升飞机**
zhí shēng fēi jī
チーショーンフェイ チー

乗用車　**小骄车**
xiǎo jiào chē
シィヤオチィヤオ チョオ

トラック　**卡车**
kǎ chē
カー チョオ

エレベーター
diàn tī
电梯
ティエン ティー

エスカレーター
diàn dòng fú tī
电动扶梯
ティエン トーン フー ティー

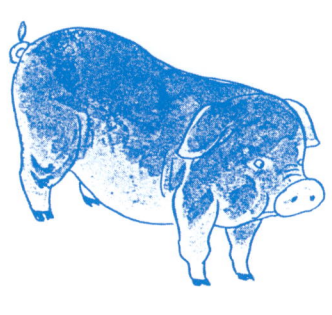

14. 動物 〔动物〕
dòng wù
トーンウー

豚 猪 zhū チュー

うま 马 mǎ マー

うし 牛 niú ニィウ

ひつじ 羊 yáng ヤーン

にわとり 鸡 (jī / チー)

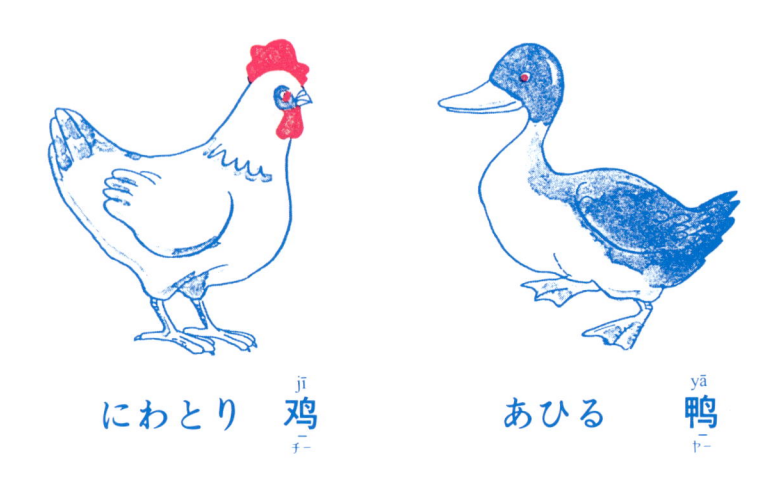

あひる 鴨 (yā / ヤー)

がちょう 鹅 (é / オー)

いぬ 狗 (gǒu / コウ)

ねこ 猫 mão / マオ

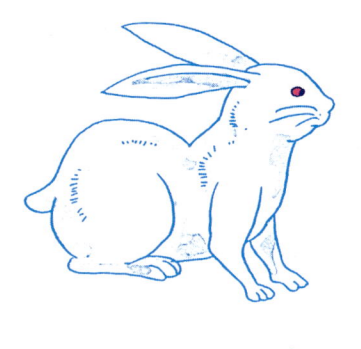

うさぎ 兎 tù / トゥ

しか 鹿 lù / ルー

とら 虎 hǔ / フゥー

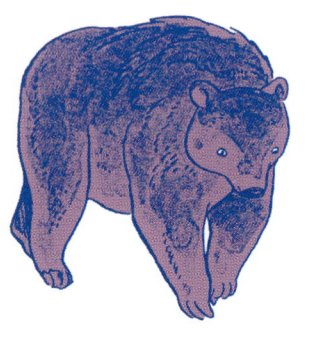

くま 熊
xióng
シィオーン

ひょう 豹
bào
バオ

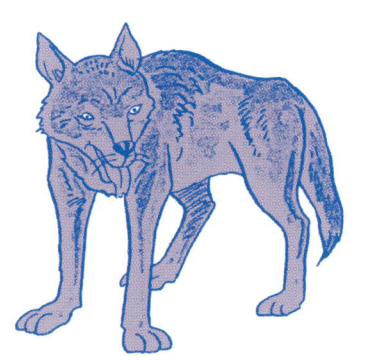

おおかみ 狼
láng
ラーン

ねずみ 鼠
shǔ
シュー

パンダ　熊猫
xióng māo
シィオーン マオ

ライオン　狮子
shī zi
シー ツ

チンパンジー　猩猩
xīng xing
シーン シーン

コアラ　考拉
　　　　kǎo lā
　　　　ガオ ラー

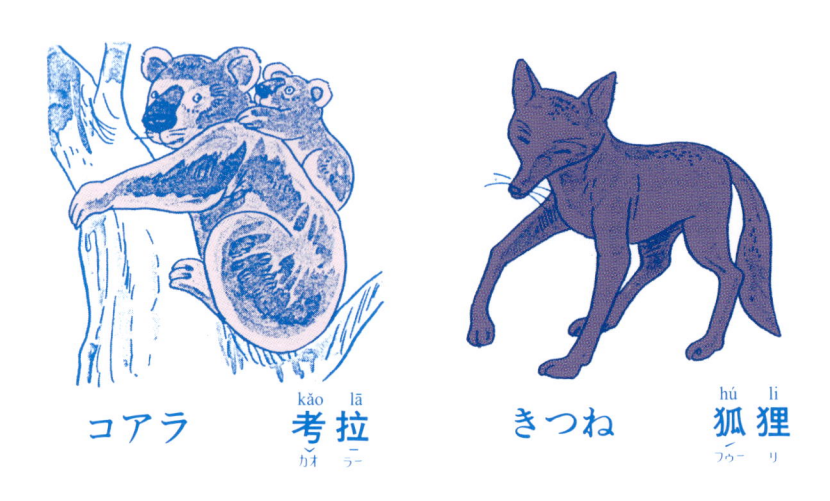

きつね　狐狸
　　　　hú li
　　　　フゥー リ

ぞう　象
　　　xiǎng
　　　シィヤーン

15. 植物 〔植物〕
チーウー

花	花 huā	たんぽぽ	蒲公英 pú gōng yīng
きく	菊花 jú huā	白梅	白梅 bái méi
ばら	薔薇花 qiáng wēi huā	はす	荷花 hé huā
サボテン	仙人掌 xiān rén zhǎng	ヒヤシンス	风信子 fēng xìn zǐ

チューリップ　郁金香 yù jīn xiāng

百合　百合花 bǎi hé huā

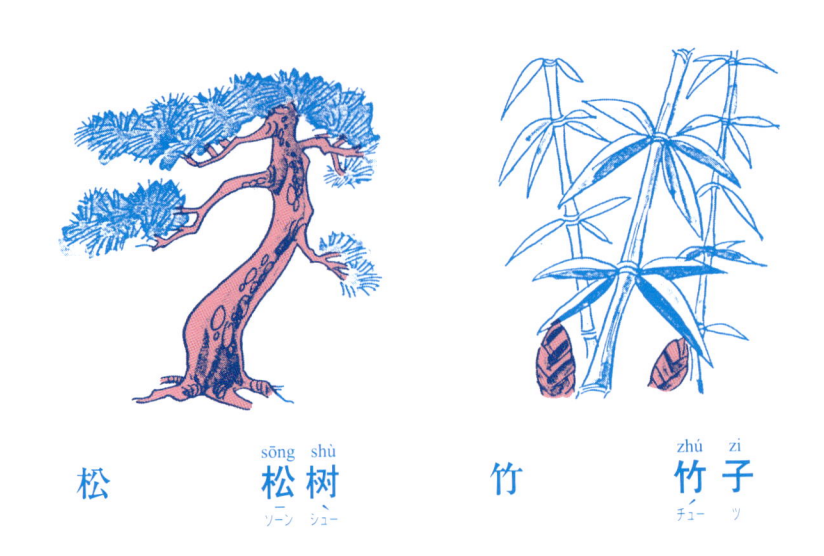

ポプラ	杨树 yóng shù	牡丹	牡丹花 mǔ dān huā	
やなぎ	柳树 liǔ shù	クコ	枸杞子 gǒu qǐ zi	
しらかば	白桦树 bái huà shù	カエデ	枫树 fēng shù	
楠の木	樟树 zhāng shù	草	草 cǎo	
柏	柏树 bǎi shù	ひえ	稗草 bài cǎo	

松	松树 sōng shù	竹	竹子 zhú zi

16. 色彩 〔颜色〕 yán sè (イェン ソォ)

しろ	白 bái (パイ)	緑	绿 lǜ (リュイ)
きいろ	黄 huáng (ホワーン)	黒	黑 hēi (ヘイ)
肌いろ	肉色 ròu sè (ロォウ ソォ)	はい色	灰色 huī sè (ホウイ ソォ)
だいだいいろ	桔黄色 jú huáng sè (チュイ ホワーン ソォ)	おうど色	土黄色 tǔ huáng sè (トゥー ホワーン ソォ)
ちゃいろ	茶色 chá sè (チャー ソォ)	もも色	桃色 táo sè (タォ ソォ)
赤	红 hóng (ホーン)	むらさき色	紫色 zǐ sè (ツー ソォ)
青	蓝 lán (ラン)	こげちゃ色	褐色 hè sè (ホォ ソォ)
うす緑	浅绿 qiǎn lǜ (チィエン リュイ)	ふか緑	深绿色 shēn lǜ sè (シェン リュイ ソォ)

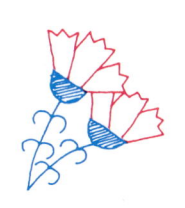

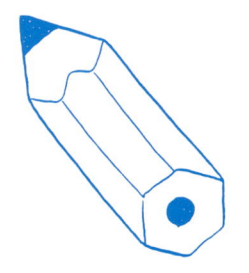

17. 家と家の中 〔房子和室内〕 fáng zi hé shì nèi (ファーンツ ホォ シー ネイ)

1-40

| 玄関 | 大门 dà mén (ター メン) | ドア | 房门 fáng mén (ファーン メン) |

| 窓 | 窗户 chuāng hu (チョワーン フゥー) | トイレ | 厕所 cè suǒ (ツォ スゥオ) |

	yù shì		chú fáng
浴室	浴室 (ユイ シー)	台所	厨房 (チュー ファーン)

	qǐ jū shì		wò shì
居間	起居室 (チー チュイ シー)	寝室	卧室 (ウォ シー)

電話　**电话** diàn huà
ティエン ホワ

整理たんす　**小衣柜** xiǎo yī gui
シィヤオ イー コェイ

洋服たんす　**大衣柜** dà yī guì
ター イー コェイ

化粧台　**梳妆台** shū zhuāng tái
シューチョワーン タイ

本棚	书柜 shū guì シューコェイ	ベッド	床 chuáng チョワーン
ソファー	沙发 shā fā シャーファー	デスク	写字台 xiě zì tái シィエツータイ

テーブル 桌子 (zhuō zi / チュオ ツ)

いす 椅子 (yǐ zi / イー ツ)

客間 客厅 (kè tīng / コォ ティーン)

階段 楼梯 (lóu tī / ロォウ ティー)

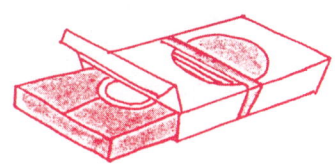

	shōu lù jī		lù xiàng jī
ラジカセ	收录机	ビデオ	录像机
	ショウ ルー チー		ルー シィヤーン チー

	diàn shì		zhào xiàng jī
テレビ	电视	カメラ	照像机
	ティエン シー		チャオ シィヤーン チー

冷蔵庫　**电冰箱**
diàn bīng xiāng
ティエン ピーン シィヤーン

かけ軸　**轴画**
zhóu huà
チョウ ホワー

ピアノ　**钢琴**
gāng qín
カーン チン

電気スタンド　台灯　　　扇風機　　电扇
　　　　　　 tái dēng　　　　　　 diàn shàn
　　　　　　 タイ トォーン　　　　　テイエン シャン

カーテン　　　窗帘
　　　　　　 chuānglián
　　　　　　 チョワーン リェン

18. 自然 〔自然〕
zì rán
ツーラン

太陽　　太阳　　地球　　地球
　　　　tài yáng　　　　　dì qiú
　　　　ダイ ヤーン　　　ティー チィウ

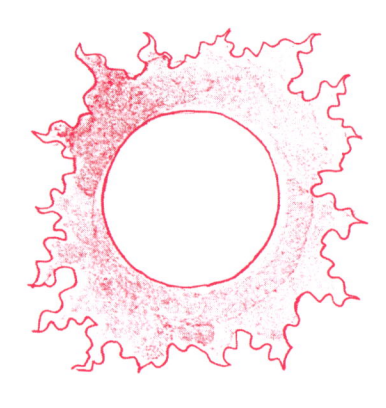

月　　月亮　　星　　星星
　　　yuè liang　　　　xīng xing
　　　ユエ リィヤーン　　シーン シーン

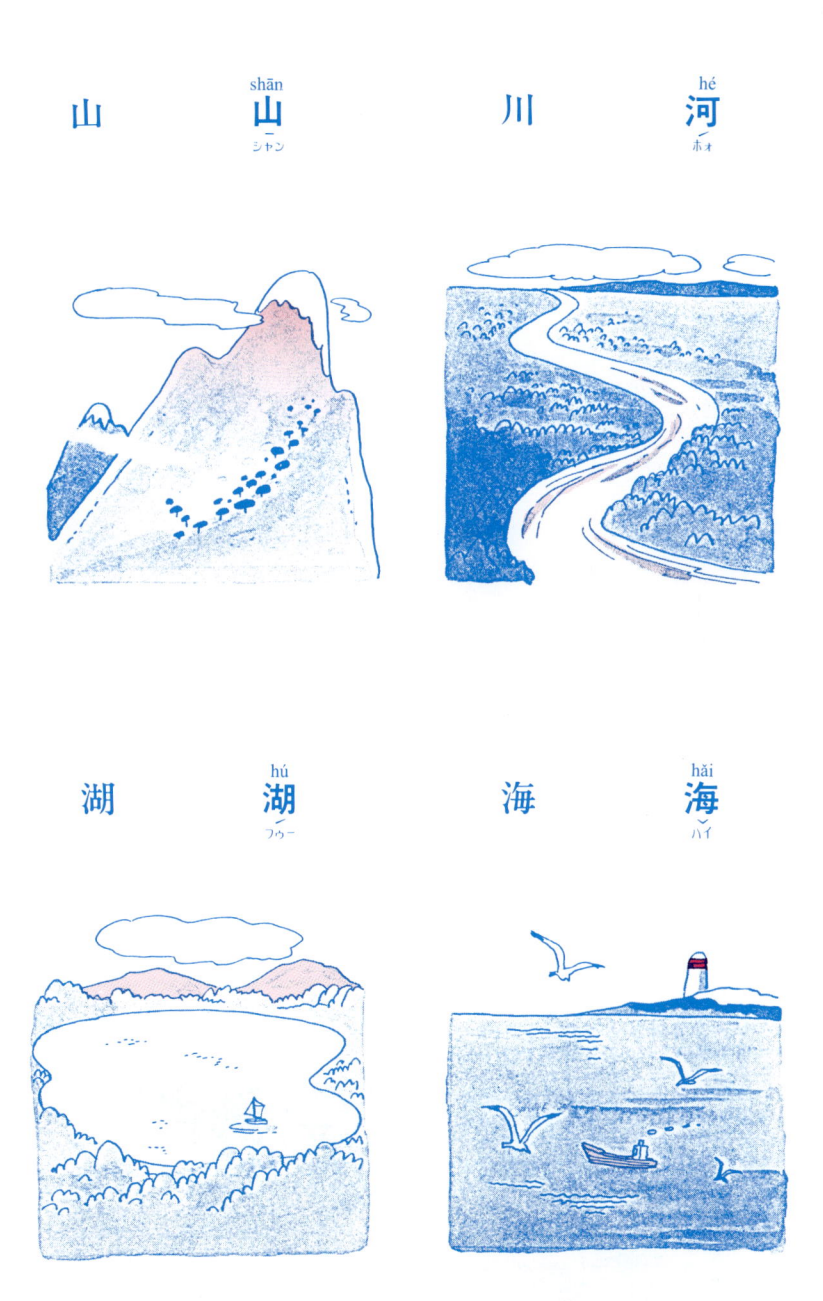

山　山 shān　川　河 hé
シャン　　　　　　ホォ

湖　湖 hú　海　海 hǎi
フゥー　　　　　　ハイ

| 風 | fēng 风 フォーン | 雲 | yún 云 ユーン |

| 雨 | yǔ 雨 ユイ | 雪 | xuě 雪 シュエ |

しも 霜 (shuāng / ショワン)   きり 霧 (wù / ウー)

晴れ 晴 (qíng / チーン)

くもり 阴 (yīn / イン)

かみなり 雷 (léi / レイ)

いな光 闪电 (shǎn diàn / シャンティエン)

ひょう 冰雹 (bīng báo / ピーン パオ)

19. 町 〔城镇〕 chéng zhèn
チョオーンチエン

通り 街道 jiē dào
チィエ タオ

デパート 百货店 bǎi huò diàn
バイ フゥオ ティエン

レストラン 饭馆 fàn guǎn
ファン コワン

ホテル 饭店 fàn diàn
ファン ティエン

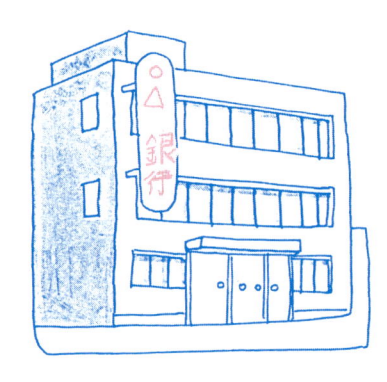

| 銀行 | yín háng
银行 | 公園 | gōng yuán
公园 |

| 動物園 | dòng wù yuán
动物园 | 步道 | rén xíng dào
人行道 |

| 薬屋 | yào diàn
药店
ヤオ ティエン | 理髪店 | lǐ fà diàn
理发店
リー ファー ティエン |

| 靴屋 | xié diàn
鞋店
シイエ ティエン | 交叉点 | shí zì lù kǒu
十字路口
シー ツ ルー コォウ |

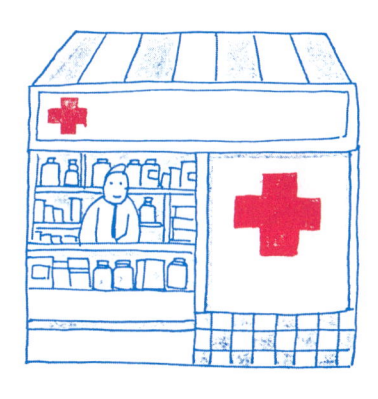

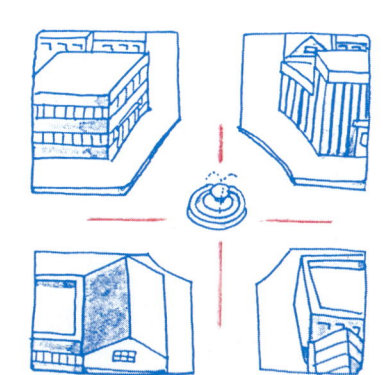

| 郵便局 | 邮局 (yóu jú) ヨウ チュイ | 映画館 | 电影院 (diàn yīng yuàn) ティエン イーン ユワン |

| 図書館 | 图书馆 (tú shū guǎn) トゥー シュー コワン | 写真屋 | 照像馆 (zhào xiàng guǎn) チャオシィヤーンコワン |

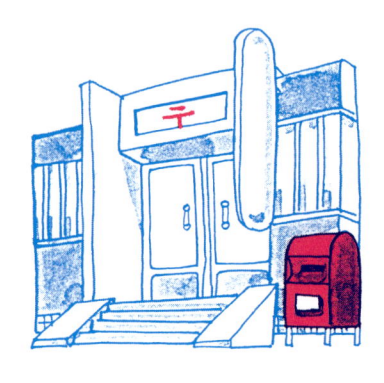

124

| 工場 | 工厂 gōng chǎng | 学校 | 学校 xué xiào |

| 劇場 | 剧院 jù yuàn | 旅館 | 旅馆 lǚ guǎn |

20. 世界 〔世界 shì jiè〕

アジア	亚洲 Yà zhōu	朝鮮	朝鲜 Cháo xiǎn
アフリカ	非洲 Fēi zhōu	インド	印度 Yìn dù
ヨーロッパ	欧洲 Ōu zhōu	パキスタン	巴基斯坦 Bā jī sī tǎn
ラテンアメリカ	拉丁美洲 Lā dīng měi zhōu	ロシア	俄国 É guó
オセアニア	大洋洲 Dà yáng zhōu	イギリス	英国 Yīng guó
国連	联合国 Lián hé guó	フランス	法国 Fǎ guó
太平洋	太平洋 Tài píng yáng	イタリア	意大利 Yì dà lì
インド洋	印度洋 Yìn dù yáng	カナダ	加拿大 Jiā ná dà
中国	中国 Zhōng guó	ブラジル	巴西 Bā xī
日本	日本 Rì běn	アルゼンチン	阿根廷 Ā gēn tíng
イラン	伊朗 Yī lǎng	アメリカ	美国 Měi guó

中国のタバコ

　五十以上の民族からなっている十億あまりの中国人は広大な土地で生活し、その民族によって、地域によって生活習慣が全然違いますが、一つの共通点があるというとおそらくタバコを吸うことでしょう。中国では日本のような専売会社がないから、各地域では自由にさまざまなタバコを販売することができます。次に紹介されているのはその中でよく吸われるタバコです。

běi jīng 北京 ペイ チーン	héng dà 恒大 ホォーン ター	dà chóng jiǔ 大重九 ター チョォーン チィウ
cháng lè 长乐 チャーン ロォ	mǔ dān 牡丹 ムー タン	xióng māo 熊猫 シィオーン マオ
hóng méi 红梅 ホーン メイ	dà qián mén 大前门 ター チイエン メン	shàng hǎi 上海 シャーン ハイ
fèng huáng 凤凰 フォーン ホワーン	hóng tǎ shān 红塔山 ホーン ター シャン	zhōng huá 中华 チョーン ホワー
yǒu yì 友谊 ヨウ イー	fēi mǎ 飞马 フェイ マー	rén shēn 人参 レン シェン

中国の名勝古跡 〔中国的名胜古迹〕 Zhōngguó de míngshènggǔ jì

日本語	中国語 (拼音)	日本語	中国語 (拼音)
万里の長城	万里长城 Wàn lǐ cháng chéng	寒山寺	寒山寺 Hán shān sì
明の十三陵	十三陵 Shí sān líng	拙政園	拙政园 Jué zhèng yuán
故宮博物院	故宫 Gù gōng	西湖	西湖 Xī hú
天壇公園	天坛公园 Tiān tán gōng yuán	霊隠寺	灵隐寺 Líng yǐn sì
頤和園	颐和园 Yí hé yuán	六合塔	六合塔 Liù hé tǎ
雲崗石窟	云岗石窟 Yún gǎng shí kū	太湖	太湖 Tài hú
竜門石窟	龙门石窟 Lóng mén shí kū	痩西湖	瘦西湖 Shòu xī hú
豫園	豫园 Yù yuán	法淨寺	法净寺 Fǎ jìng sì
玉仏寺	玉佛寺 Yù fó sì	黄山	黄山 Huáng shān
中山陵	中山陵 Zhōngshān líng	九華山	九华山 Jiǔ huá shān
虎丘塔	虎丘塔 Hǔ qiū tǎ	桂林	桂林 Guì lín
獅子林	狮子林 Shī zi lín	蘆笛岩	芦笛岩 Lú dí yán
留園	留园 Liú yuán	馬王堆漢墓	马王堆汉墓 Mǎ wáng duī hàn mù

日本語	簡体字(ピンイン)
廬山	卢山 Lú shān
敦煌	敦煌 Dūn huáng
莫高窟	莫高窟 Mò gāo kū
秦の始皇帝兵馬俑	秦始皇帝兵马俑 Qín shǐ huáng dì bīng mǎ yǒng
華清池	华清池 Huá qīng chí
嘉峪関	嘉峪关 Jiā yù guān
石林	石林 shí lín
峨眉山	峨眉山 É méi shān
楽山大仏像	乐山大佛 Lè shān dà fó
黄果樹滝	黄果树瀑布 Huáng guǒ shù pù bù

21. 外来語 〔外来语〕 wài lái yǔ

ナイロン	尼龙 (ní lóng)		レーダー	雷达 (léi dá)
テトロン	涤纶 (dí lún)		モデル	模特 (mó tèr)
タンク	坦克 (tǎng kè)		ミニスカート	迷你裙 (mí nǐ qún)
ゴルフ	高尔夫球 (gāo ěr fū qiú)		ディスコ	迪斯科 (dí sī kē)
バレー	芭蕾舞 (bā léi wǔ)		モダン	摩登 (mó dēng)
オリンピック	奥林匹克 (ào lín pǐ kè)		ファシスト	法西斯 (fǎ xī sī)
ロマンティック	罗曼蒂克 (luó màn dì kè)		ブランデー	白兰地 (bái lán dì)
ヴィーナス	维娜斯 (wéi nà sī)		ウィスキー	威士忌 (wēi shì jì)

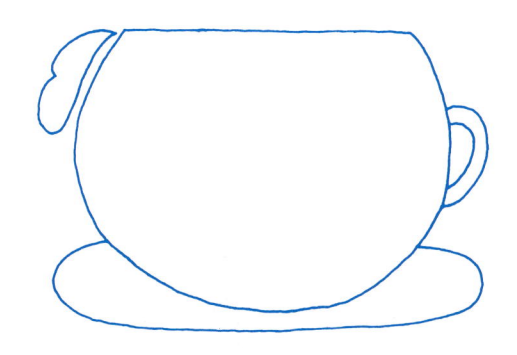

マラソン	马拉松 (mǎ lā sōng)		トラクター	拖拉机 (tuō lā jī)
ヒステリー	歇斯底里 (xiē sī dǐ lǐ)		ベンツ	奔驰 (bèn chí)
レモン	柠檬 (níng móng)		ピンポン	乒乓球 (pīng pāng qiú)
コーヒー	咖啡 (kā fēi)		チョコレート	巧克力 (qiǎo kè lì)
コカコーラ	可口可乐 (kěkǒu kě lè)		ギター	吉它 (jí tā)
マイクロホン	麦克风 (mài kè fēng)		クラブ	俱乐部 (jù lè bù)

22. 動詞 〔动词〕
dòng cí
トーン ツー

chī
吃（食べる）
チー

chī xī guā
吃西瓜。（スイカを食べる）
チー シー コワ

hē
喝（のむ）
ホオ

hē chá
喝茶。（お茶を飲む）
ホオ チャー

qǐ
起（起きる）
チー

qǐ chuáng
起床。（起きる）
チー チョワーン

shuì
睡（寝る）
シュエイ

shuì jiào
睡觉。（寝る）
シュエイ チヤオ

pǎo
跑（走る）
パオ

pǎo ze qù
跑着去。（走って行く）
パオ チョ チュイ

tiào
跳（跳ぶ）
ティヤオ

tiào gāo
跳高。（走り高とび）
ティヤオ カオ

| zǒu |
| 走（歩く） |
| ツォウ |

zǒu lù
走 路。（道を歩く）
ツォウ ルー

chuān
穿（着る、はく）
チョワン

chuān chèn shān
穿 衬 衫。（シャツを着る）
チョワン チェン シャン

chuān xié
穿 鞋。（靴を履く）
チョワン シィエ

dài
戴（掛ける）
タイ

dài yǎn jìng
戴 眼 镜。（めがねを掛ける）
タイ イェン チーン

huí
回（帰る）
ホゥイ

huí Rì běn
回 日 本。（日本に帰る）
ホゥイ リー ペン

kàn
看（見る）
カン

kàn diàn shì
看 电 视。（テレビを見る）
カン ティエン シー

xiě
写（書く）
シィエ

xiě xìn
写 信。（手紙を書く）
シィエ シン

🔊 2-1

qù 去（行く）	chū 出（出る）
qù Zhōng guó 去中国。（中国へ行く）	chū xiě le 出血了。（血が出た）
lái 来（来る）	xià 下（降る）
wǒ hái lái 我还来。（私はまた来る）	xià yǔ le 下雨了。（雨が降った）
tīng 听（聞く）	tán 弹（ひく）
tīng yīn yuè 听音乐。（音楽を聞く）	tán gāng qín 弹钢琴。（ピアノをひく）

huà
画（書く）
huà huà
画画。（絵を書く）
jìn
进（入る）
jìn fáng jiān
进房间。（部屋に入る）
shàng
上（あがる）
shàng sān céng le
上三层了。（三階に上がった）
chàng
唱（歌う）
chàng gē
唱歌。（歌を歌う）
chéng
乘（乗る）
chéng huǒ chē
乘火车。（汽車に乗る）

zuò
坐（座る）
qǐng zuò
请坐。（どうぞ、おかけなさい）
kū
哭（泣）
tā kū le
她哭了。（彼女は泣いた）
kāi
开（あける）
kāi chuāng
开窗。（窓をあける）
xiào
笑（笑う）
xiào le
笑了。（笑った）
guān
关（しめる）
guān mén
关门。（ドアをしめる）

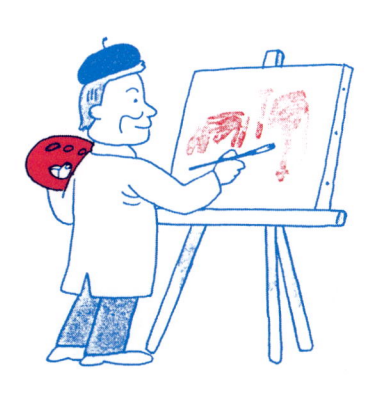

23. 形容詞 〔形容词〕
xíng róng cí
シーンローンツー

大 (大きい)
dà
ター

大的苹菓 (大きいりんご)
dà de píng guǒ
ター ダ ピーン クオ

多 (多い)
duō
トゥオ

人多 (人が多い)
rén duō
レン トゥオ

冷 (寒い)
lěng
ロオーン

天气冷 (天気が寒い)
tiān qi lěng
ティエン チー ロオーン

远 (遠い)
yuǎn
ユワン

很远 (とても遠い)
hěn yuǎn
ヘン ユワン

小 (小さい)
xiǎo
シィヤオ

小岛 (小さい島)
xiǎo dǎo
シィヤオ タオ

少 (少ない)
shǎo
シャオ

钱少 (お金が少ない)
qián shǎo
チィエン シャオ

rè
热（暑い）
ㄖㄜ

xià tiān rè
夏天热（夏は暑い）
シヤ ティエン ㄖㄜ

jìn
近（近い）
チン

lí jiā jìn
离家近（家に近い）
リー チヤ チン

cháng
长（長い）
チャーン

bái tiān cháng
白天长（昼は長い）
バイ ティエン チャーン

gāo
高（高い）
ガオ

shān gāo
山高（山は高い）
サン ガオ

měi
美（美しい）
メイ

fēng jǐng měi
风景美（景色は美しい）
フォーン チーン メイ

lán
蓝（青い）
ラン

lán tiān
蓝天（青い空）
ラン ティエン

duǎn
短（短い）
トワン

shí jiān duǎn
时间短（時間が短い）
シー チィエン トワン

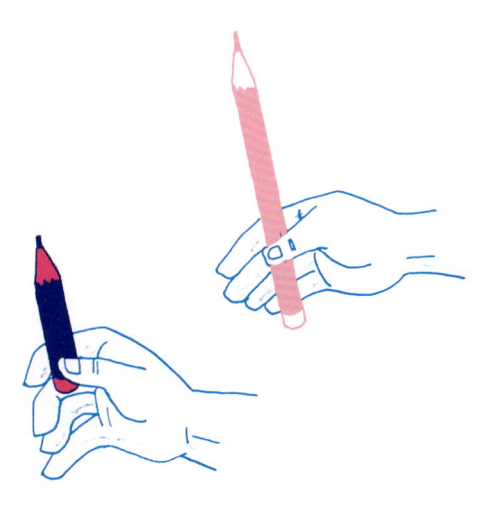

2-4
dī
低（低い）

xī gāo dōng dī
西高东低（西は高く東は低い）

hóng
红（赤い）

hóng huā
红花（赤い花）

yìng
硬（固い）

shí tou yìng
石头硬（石は固い）

kuài
快（速い）

fēi jī kuài
飞机快（飛行機が速い）

xīn
新（新しい）

xīn xié
新鞋（新しい靴）

hǎo
好（よい）

hǎo shì
好事（いい事）

báo
薄（うすい）

báo zhǐ
薄纸（うすい紙）

màn
慢（遅い）

lún chuán màn
轮船慢（フェリーが遅い）
ルゥン チョワン マン

jiù
旧（古い）
チィウ

jiù shū
旧书（古い本）
チィウ シュー

huài
坏（悪い）
ホワイ

huài rén
坏人（悪い人）
ホワイ レン

hòu
厚（厚い）
ホォウ

hòu bèi
厚被（厚いふとん）
ホォウ ペイ

qīng
轻（軽い）
チーン

zhè ge qīng
这个轻（これは軽い）
チェイ コ チーン

kǔ
苦（にがい）
クゥー

kǔ de jú zi
苦的桔子（にがいみかん）
クゥー ダ チュイ ツ

là
辣（辛い）
ラー

chuān chài là
川菜辣（四川料理は辛い）
チョワン ツァイ ラー

xián
咸（塩辛い）
シィエン

hǎi shuǐ xián
海水咸（海水は塩辛い）
ハイ シュエイ シィエン

2-5

🔊 2-6

zhòng
重（重い）
チョオーン

zhè ge xíng li zhòng
这个行李重（この荷物は重い）
チェイ コ シーン リ チョオーン

suān
酸（すっぱい）
ソワン

suān de pú tao
酸的葡萄（すっぱい葡萄）
ソワン ダ プー タオ

tián
甜（甘い）
ティエン

tián jiǔ
甜酒（甘い酒）
ティエン チィウ

shēn
深（深い）
シェン

zhè tiáo hé hěn shēn
这条河很深（この川はとても深い）
チェイ ティヤオ ホオ ヘン シェン

24. 副詞 〔副词〕(fù cí / フーツー)

とても	很 (hěn / ヘン)
非常に	非常 (fēi cháng / フェイチャン)
すでに	已经 (yǐ jīng / イーチーン)
さらに	更 (gèng / コオーン)
より	比 (bǐ / ビー)
おそらく	大概 (dà gài / ターカイ)
あまり	太 (tài / タイ)
どんなに	多么 (duō me / トゥオモ)
きわめて	极 (jí / チー)
相当	相当 (xiāng dāng / シヤーンターン)
すこし	稍微 (shāo wēi / シャオウェイ)
ちょっと	稍 (shāo / シャオ)
わりと	较为 (jiào wéi / チヤオウェイ)
ちょうど	正好 (zhèng hǎo / チョオーンハオ)
とたんに	一刹那 (yí chà nà / イーシャーナー)
つねに	常常 (cháng cháng / チャーンチャーン)
とうとう	终于 (zhōng yú / チョオーンユイ)
たまに	偶尔 (ǒu ěr / オウアル)
やはり	仍然 (réng rán / ロオーンラン)
ふっと	忽然 (hū rán / フゥーラン)
わざと	特地 (tè dì / トオティー)
ずっと	一直 (yì zhí / イーチー)
全部	全部 (quán bù / チュワンブー)
大抵	大抵 (dà dǐ / ターティー)
一緒に	一块儿 (yí kuàir / イーコワル)
再三	再三 (zài sān / ツァイサン)

すぐ　　　马上(mǎ shàng)　　　十分　　　十分(shí fēn)

25. よく使う助数詞 〔常用量词 cháng yòng liàng cí〕

個	个 (gè)	一个苹果。(yí ge píng guǒ)	りんご1個。
本	瓶 (píng)	两瓶啤酒。(liǎng píng pí jiǔ)	ビール2本。
枚	张 (zhāng)	三张纸。(sān zhāng zhǐ)	紙3枚。
台	辆 (liàng)	四辆自行车。(sì liàng zì xíng chē)	自転車4台。
杯	杯 (bēi)	五杯咖啡。(wǔ bēi kā fēi)	コーヒー5杯。
羽	只 (zhī)	六只鸡。(liù zhī jī)	にわとり6羽。
本	棵 (kē)	七棵树。(qī kē shù)	木7本。
頭	头 (tóu)	八头牛。(bā tóu niú)	牛8頭。
冊	本 (běn)	九本书。(jiǔ běn shū)	本9冊。
隻	艘 (sōu)	十艘军舰。(shí sōu jūn jiàn)	軍艦10隻。

日本人でもすでに知っている中国語

　次に書かれている単語は全部漢字のことばで、そのまま中国語になっています。ただの一部分は中国では簡体字が使用されていますので、その書き方に注意する必要があります。漢字が同じだけではなく、発音も意味も中国語に近い単語が少なくありません。ですから、この種の単語を沢山覚えたら、中国語はますますあなたに近づいてくるでしょう、あなたはすでに中国語ができるといえましょう。

よく似ているもの100例

2-9

日本語	中国語	日本語	中国語
電報	电报 diàn bào (ティエン バオ)	飲料	饮料 yǐn liào (イン リィヤオ)
電流	电流 diàn liú (ティエン リィウ)	温度	温度 wēn dù (ウェン トゥー)
游覧	游览 yóu lǎn (ヨウ ラン)	一個	一个 yí ge (イー コ)
友好	友好 yǒu hǎo (ヨウ ハオ)	一杯	一杯 yì bēi (イー ベイ)
未来	未来 wèi lái (ウェイ ライ)	大使館	大使馆 dà shǐ guǎn (ター シー コワン)
乾杯	干杯 gān bēi (カン ペイ)	農民	农民 nóng mín (ノン ミン)
安全	安全 ān quán (アン チュワン)	簡単	简单 jiǎn dān (ヂィエン タン)
一衣帯水	一衣带水 yī yī dài shuǐ (イー イー タイ シュエイ)	新幹線	新干线 xīn gàn xiàn (シン カン シィエン)

2-10

日本語	中文(繁)	中文(簡)
山水	山水 shān shuǐ	山水
苦心	苦心 kǔ xīn	苦心
コーヒー	咖啡 kā fēi	咖啡
コカコーラ	可口可乐 kě kǒu kě lè	可口可乐
年利	年利 nián lì	年利
幹部	干部 gàn bù	干部
内心	内心 nèi xīn	内心
三人	三人 sān rén	三人
自愛	自爱 zì ài	自爱
知名	知名 zhī míng	知名
不足		不足 bù zú
水門		水门 shuǐ mén
労働		劳动 láo dòng
討論		讨论 tǎo lùn
論断		论断 lùn duàn
道路		道路 dào lù
全部		全部 quán bù
人民		人民 rén mín
台湾		台湾 Tái wān
上海		上海 Shàng hǎi

日本語	中国語（簡体字・ピンイン）	日本語	中国語（簡体字・ピンイン）
太陽	太阳 tài yang	報道	报道 bào dào
南部	南部 nán bù	困難	困难 kùn nán
新郎新婦	新郎新妇 xīn láng xī fù	平和	和平 hé píng
不要	不要 bú yào	漢字	汉字 hàn zì
睡眠	睡眠 shuì mián	運動	运动 yùn dòng
太極拳	太极拳 tài jí quán	年年	年年 nián nián
人類	人类 rén lèi	残留	残留 cán liú
お茶	茶 chá	理論	理论 lǐ lùn
砂糖	砂糖 shā táng	代名詞	代名词 dài míng cí
糖尿病	糖尿病 táng niào bìng	少年	少年 shào nián

2-11

145

2-12

繁体	简体
列島	列岛 (liè dǎo)
羊毛	羊毛 (yáng máo)
人造綿	人造棉 (rén zào mián)
内部	内部 (nèi bù)
家庭	家庭 (jiā tíng)
夫婦	夫妇 (fū fù)
模範	模范 (mó fàn)
豆腐	豆腐 (dòu fu)
要求	要求 (yāo qiú)
天才	天才 (tiān cái)
新年	新年 (xīn nián)
心理	心理 (xīn lǐ)
有名	有名 (yǒu míng)
市内	市内 (shì nèi)
題材	题材 (tí cái)
葡萄	葡萄 (pú tao)
談話	谈话 (tán huà)
天気	天气 (tiān qi)
豊富	丰富 (fēng fù)
一致	一致 (yí zhì)

繁体	简体(拼音/カナ)	繁体	简体(拼音/カナ)
部隊	部队 bù duì／ブートェイ	不便	不便 bú biàn／ブーピィエン
注意	注意 zhù yì／チューイー	燈油	灯油 dēng yóu／トーンヨウ
不利	不利 bú lì／ブーリー	物価	物价 wù jià／ウーチィヤ
停電	停电 tíng diàn／ティーンティエン	内外	内外 nèi wài／ネイワイ
理由	理由 lǐ yóu／リーヨウ	雨天	雨天 yǔ tiān／ユイティエン
停留	停留 tíng liú／ティーンリウ	内乱	内乱 nèi làn／ネイロワン
動機	动机 dòng jī／トーンチー	代理	代理 dài lǐ／タイリー
習慣	习惯 xí guàn／シーコワン	友人	友人 yǒu rén／ヨウレン
電子	电子 diàn zǐ／ティエンツー	雑誌	杂志 zá zhì／ツァーチー
由来	由来 yóu lái／ヨウライ	愉快	愉快 yú kuài／ユイコワイ
電池	电池 diàn chí／ティエンチー	年齢	年龄 nián líng／ニェンリーン
伝統	传统 chuán tǒng／チョワントーン	修理	修理 xiū lǐ／シィウリー
電話	电话 diàn huà／ティエンホワ	苦難	苦难 kǔ nàn／クーナン

やさしい文を憶えましょう

2-14 わたしは日本人です。

我是日本人。

日本へ電話をしたいのですが。

我要往日本打电话。

今日は万里の長城を見ます。

今天游览长城。

中日両国は一衣帯水の間柄です。

中日两国一衣带水。

中日友好のために幹杯！

为中日友好干杯！

人類の未来は明るいと思います。

人类的未来是光明的。

交通安全に注意します。

要注意交通安全。

これは飲みものです。

コーヒーを飲みたいです。

温度が高いです。

彼は一人の少年と話しています。

日本国の大使館へ行きます。

新幹線はとても早いです。

彼は幹部です。

私はサラリーマン（会社員）です。

Zhè shì yǐn liào。
这是饮料。
チョオ シー イン リィヤオ

Wǒ yào hē yì bēi kā fēi。
我要喝一杯咖啡。
ウォ ヤオ ホォ イー ベイ カー フェイ

Wēn dù gāo。
温度高。
ウェン トゥー カオ

Tā hé yí ge shào nián tán huà。
他和一个少年谈话。
ター ホォ イー コ シャオ ニェン タン ホワ

Qù Rì běn dà shǐ guǎn。
去日本大使馆。
チュイ リー ベン ター シー コワン

Xīn gàn xiàn hěn kuài。
新干线很快。
シン カン シィエン ヘン コワイ

Tā shì gàn bù。
他是干部。
ター シー カン ブー

Wǒ shì gōng sī zhí yuán。
我是公司职员。
ウォ シー コーン スー チー ユワン

2-15

🔊 2-16 このあたりの山水は美しいです。 这里山水很美。

年利が高いです。 年利高。

たいへん愉快です。 很愉快。

三人一緒に行きます。 三人同去。

人間は自重自愛すべきです。 人要自重自爱。

知名度が高いです。 知名度很高。

太陽が昇って来ました。 太阳出来了。

新郎新婦 新郎新妇。

困難を恐れません。 不要怕困难。

睡眠不足です。 睡眠不足。

午後は労働です。	下午劳动。
少年問題を討議します。	讨论少年问题。
彼の論は正しいです。	他的论断正确。
上海は道路が狭いです。	上海市道路狭窄。
簡単な報道です。	简单的报道。
困難な仕事です。	困难的工作。
中国のお茶は有名です。	中国茶有名。
人造棉はいいものです。	人造棉很好。
私は豆腐がすきです。	我喜欢吃豆腐。
これは内部の問題です。	这是内部问题。
かれらは模範夫婦です。	他们是模範夫妇。
新年おめでとう。	恭贺新年。
葡萄はおいしいです。	葡萄很好吃。
今日は天気がいいです。	今天天气很好。
中華料理は有名です。	中国的烹调有名。

2-18

彼は天才です。	他是个天才。 Tā shì ge tiāncái.
大極拳をやります。	打太极拳。 Dǎ tàijíquán.
こちらの羊毛がいいです。	这里的羊毛好。 Zhèlǐ de yángmáo hǎo.
私は毎年北京へ行きます。	我年年去北京。 Wǒ niánnián qù Běijīng.
最近よく停電します。	最近常常停电。 Zuìjìn chángcháng tíngdiàn.
物が豊富です。	物产丰富。 Wùchǎn fēngfù.
こうすれば彼はとても不利になります。	这样的话对他很不利。 Zhèyàng de huà duì tā hěn bú lì.
これは伝統的な文化です。	这是传统文化。 Zhè shì chuántǒng wénhuà.
上海で三日間滞在します。	在上海停留三天。 Zài Shànghǎi tíngliú sān tiān.
燈油を買います。	买灯油。 Mǎi dēngyóu.
電話をかけます。	打电话。 Dǎ diànhuà.
ここは話をするのに不便です。	这里不便谈话。 Zhèlǐ bú biàn tánhuà.
物価が高いです。	物价高。 Wùjià gāo.

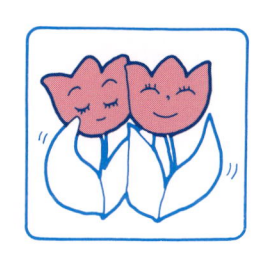

日常会話集

1. 日常のあいさつ 〔日常问候〕

張：おはようございます。
张：你早。(您早)

松田：おはようございます。
松田：你早。

張：おはようございます。
张：早上好。

松田：おはようございます。
松田：早上好。

張：こんにちは。
张：你好。(您好)

松田：こんにちは。
松田：你好。

張：さようなら
张：再见。

松田：さようなら
松田：再见。

張：お休みなさい。
张：晚安。

松田：お休みなさい。
松田：晚安。

2．お礼 〔感谢 Gǎn xiè〕

高井：色々お世話になってありがとうございます。
高井：承蒙您的关照，谢谢。
Chéng méng nín de guān zhào, xiè xie.

李：ご満足いただけて、私もうれしいです。
李：您满意，我很高兴。
Nín mǎn yì, wǒ hěn gāo xìng.

高井：色々ご指導ありがとうございます。
高井：谢谢您的指教。
Xiè xie nín de zhǐ jiào.

李：どういたしまして。
李：哪里、哪里，不敢当。
Nǎ li, nǎ li, bù gǎn dāng.

高井：ご好意ありがとうございます。
高井：谢谢您的好意。
Xiè xie nín de hǎo yì.

李：どういたしまして。
李：别客气。
Bié kè qi.

高井：大変お忙しい中をありがとうございます。
高井：非常感谢您在百忙之中(来接我)。
Fēi cháng gǎn xiè nín zài bǎi máng zhī zhōng lái jiē wǒ.

李：とんでもありません。
李：**没什么**。
　　Méi shén me。

高井：お土産ありがとうございます。
高井：**感谢您赠给我礼物**。
　　　Gǎn xiè nín zèng gěi wǒ lǐ wù。

李：どういたしまして。
李：**不用客气**。
　　Bú yòng kè qi。

3．おわび 〔道歉 Dào qiàn〕

王：すみません、お邪魔しました。
王：对不起，打扰您了。 Duì bu qǐ, dǎ rǎo nín le.

刘：とんでもありません。
刘：没什么。 Méi shéi me.

王：お手数をかけました。
王：给您添麻烦了。 Gěi nín tiān má fan le.

刘：どういたしまして。
刘：别客气。 Bié kè qi.

王：お待たせしました。
王：让您久等了。 Ràng nín jiǔ děng le.

刘：構いません。
刘：不要紧。 Bú yào jǐn.

王：大変遅くなってすみません。
王：请原凉，我来迟了。 Qǐng yuán liàng, wǒ lái chí le.

2-22 刘：大丈夫です。
　　　　　　Méi guān xi.
　　刘：没关系。
　　　　メイ コワン シ

　　王：すみませんが、お名前を忘れました。
　　　　Duì bu qǐ, wǒ wàng le nín de míng zi.
　　王：对不起，我忘了您的名字。
　　　　トェイ ブ チー　ウォ ワーン ラ ニン ダ ミーン ツー

　　刘：私は刘光明といいます。
　　　　Wǒ jiào Liú Guāngmíng.
　　刘：我叫刘光明。
　　　　ウォ チィヤオ リィウ コワーン ミーン

4．おいわい〔祝贺 Zhù hè〕

新年おめでとうございます。	新年好。 Xīn nián hǎo.
新年の喜びを申しあげます。	新年快乐。 Xīn nián kuài lè.
謹賀新年	恭贺新禧。 Gōng hè xīn xǐ.
あけましておめでとうございます。	新春愉快。 Xīn chūn yú kuài.
クリスマスおめでとうございます。	圣诞快乐。 Shèng dàn kuài lè.
ご結婚おめでとうございます。	恭贺新婚之禧。 Gōng hè xīn hūn zhī xǐ.
新居へお引越しおめでとう。	恭祝乔迁之禧。 Gōng zhù qiáo qiān zhī xǐ.
ご成功をお祈りします。	祝你成功。 Zhù nǐ chéng gōng.

🎵 2-24 お誕生日おめでとう。　祝你生日快乐。

全快おめでとう。　祝贺您恢复了健康。

大学進学おめでとう。　祝贺你升入大学。

5．おわかれ〔告別 Gào bié〕

鈴木：こんばんは。
铃木：晚上好 Wǎn shanghǎo。

金：こんばんは。
金：晚上好 Wǎn shang hǎo。

鈴木：帰国しますから、お別れに来ました。
铃木：我要回国了，来向你告别 Wǒ yào huí guó le, lái xiàng nǐ gào bié。

金：ご滞在中、ゆき届かないところをご了承ください。
金：这几天照顾不周请原凉 Zhè jǐ tiān zhào gù bù zhōu qǐng yuán liàng。

鈴木：どういたしまして、本当にお世話になりました。
铃木：哪儿的话非常周到 Nǎr de huà fēi cháng zhōu dào。

金：山田先生にもよろしくお伝え下さい。
金：请代我向山田先生问好 Qǐng dài wǒ xiàng Shān tián xiān sheng wèn hǎo。

鈴木：必ず伝えます。
铃木：一定转达 Yí dìng zhuǎn dá。

2-26 金：チャンスがあればまたいらして下さい。
金：请你有机会再来。

鈴木：ありがとう、また来ます。
铃木：谢谢、我一定来。

金：国に帰ったらお手紙を下さい。
金：回国后请你来信。

鈴木：はい、必ず手紙を書きます。
铃木：好，一定给你来信。

金：では、途中ご無事に。
金：祝你一路顺风。

鈴木：ありがとうございました。
铃木：谢谢。

金：さようなら。
金：再见。

鈴木：さようなら。
铃木：再见。

6．自己紹介　〔自我介绍〕 Zì wó jiè shào

わたしは松本と申します。　我姓松本。 Wǒ xìng Sōng běn.

私は松本太郎と申します。　我叫松本太郎。 Wǒ jiào Sōng běn tài láng.

私は日本人です。　我是日本人。 Wǒ shì Rì běn rén.

私は日本から来ました。　我从日本来。 Wǒ cóng Rì běn lái.

私は貿易会社に勤めています。　我在贸易公司工作。 Wǒ zài mào yi gōng sī gōng zuò.

はじめまして、どうぞよろしくお願いします。　初次见面请多关照。 Chū cì jiàn miàn qǐng duō guān zhào.

7．互いに紹介 〔互相介绍〕
Hù xiāng jiè shào

A：ご紹介します。こちらは私の友人の山田さんです。

A：请允许我来介绍一下。这位是我的朋友山田。
Qǐng yǔn xǔ wǒ lái jiè shào yí xià。Zhè wèi shì wǒ de péng you Shān tián。

B：山田正夫と申します。はじめまして、どうぞよろしくお願いします。

B：我叫山田正夫。初次见面，请多关照。
Wǒ jiào Shān tián zhèng fū。Chū cì jiàn miàn, qǐng duō guān zhào。

C：こちらこそ。程序と申します。これは私の名刺です。

C：彼此、彼此。我叫程序。这是我的名片。
Bǐ cǐ, bǐ cǐ。Wǒ jiào Chéng Xù。Zhè shì wǒ de míng piàn。

B：お会いできて大変うれしいです。

B：见到你很高兴。
Jiàn dào nǐ hěn gāo xìng。

C：私もうれしいです。あなたを私の友人に紹介してもよろしいですか。

C：我也很高兴。我把你介绍给我的朋友好吗？
Wǒ yě hěn gāo xìng。Wǒ bǎ nǐ jiè shào gěi wǒ de péng you hǎo ma？

B：知っていただけばうれしいです。
B：我很高兴认识他。
Wǒ hěn gāo xìng rèn shí tā.

8．招待 〔邀请〕
Yāo qǐng

王：今晩おひまですか。
王：你今天晚上有时间吗？
Nǐ jīn tiān wǎn shang yǒu shí jiān ma?

中村：なにかご用ですか。
中村：你有什么事吗？
Nǐ yǒu shén me shì ma?

王：実は私の家で一緒に食事をしたいですが。
王：我想请您到我家吃饭。
Wǒ xiǎng qǐng nín dào wǒ jiā chī fàn.

中村：ご好意にあまえて必ず参ります。
中村：承蒙你的好意我一定去。
Chéngméng nǐ de hǎo yì wǒ yí dìng qù.

王：それでは、夕方、迎えに来ます。
王：那么晚上我来接您。
Nà me wǎn shang wǒ lái jiē nín.

中村：お忙しい中、ほんとうに恐縮です。
中村：你这么忙，我太不好意思了。
Nǐ zhè me máng, wǒ tài bù hǎo yì sī le.

王：とんでもありません。

王：您不要客气。

中村：それではそうさせていただきます。

中村：好，那就一言为定。

王：ではまた。

王：好，晚上见。

中村：また。

中村：晚上见。

9．道を尋ねる 〔问路〕

山田：お尋ねしますが、王府井へどう行ったらいいでしょうか。
山田：请问，去王府井怎么走？

李：104番トロリーバスに乗ってください。
李：请坐１０４路无轨电车。

山田：ここから遠いですか。
山田：离这儿远吗？

李：遠くありません。二番目の交差点です。
李：不远。第二个十字路口就是。

山田：歩いていけばどのぐらいかかりますか。
山田：走着去大概要多长时间？

李：十分間ぐらいです。
李：十分钟左右。

山田：どうも、ありがとうございました。
山田：好。谢谢。

李：どういたしまして。
李：**不要客气**。
　　Bú yào kè qi。

10．郵便局で 〔在邮局 Zài yóu jú〕

野村：すみませんが、日本への手紙は一通いくらですか。
野村：请问，往日本寄一封信多少钱？ Qǐng wèn, wǎng Rì běn jì yì fēng xìn duō shao qián?

局員：1元10銭です。
局员：一块一毛。 Yí kuài yī máo.

野村：絵葉書き一枚は？
野村：寄一张名信片呢？ Jì yì zhāng míng xìn piàn ne?

局員：80銭です。
局员：八毛钱。 Bā máo qián.

野村：切手を張ってからポストに入れればいいですね。
野村：贴好邮票后投到信箱里吗？ Tiē hǎo yóu piào hòu tóu dào xìn xiāng li ma?

局員：そうです。
局员：对。 Duì.

11. 電話を掛ける 〔打电话〕 Dǎ diànhuà

中山：もしもし、国際電話を掛けたいんですが。

喂，请问，国际电话怎么打？
Wéi, qǐngwèn, guójì diànhuà zěnme dǎ?

交換手：まず、9を回してください。その次は相手国の代表番号、地域番号、最後に相手の番号を回します。

请您先拨9然后再拨对方国家代号
Qǐng nín xiān bō jiǔ ránhòu zài bō duìfāng guójiā dàihào

再拨地区号，最后拨对方的号码。
zài bō dìqū hào, zuìhòu bō duìfāng de hàomǎ.

中山：東京へ掛けるとき、9−0081−03−3691−2588という順ですね。

往东京打时，是9−0081−03−
Wǎng Dōngjīng dǎ shí, shì 9−0081−03−

3691−2588的顺序吗？
3691−2588 de shùnxù ma?

交換手：0081の後の03のゼロを省いて掛ければ結構です。

去掉0081后面的03中的0就可以了。
Qùdiào 0081 hòumiàn de 03 zhōng de 0 jiù kěyǐ le.

中山：はい、わかりました。ありがとうございました。

好。明白了。谢谢。
Hǎo. Míngbai le. xièxie.

中山：ちょっとおききしますが、市内電話はどういうふ
うに掛けたらよいのですか。

Qǐng wèn, shì nèi diàn huà zěn me dǎ?
请问，市内电话怎么打？

交換手：まず、0をまわしてから相手の番号をまわせば
かけることができます。

Xiān bō líng rán hòu zài bō duì fāng de hào mǎ?
先拨"0"然后再拨对方的号码。

中山：飯店内でも同じような掛け方ですか。

Fàn diàn nèi yě shì tóng yàng dǎ fǎ ma?
饭店内也是同样打法吗？

交換手：いいえ、直接相手の番号をまわします。

Bù. zhí jiē bō duì fāng de hào mǎ.
不。直接拨对方的号码。

中山：はい、わかりました。ありがとうございました。

Hǎo. Míng bai le, xiè xie.
好。明白了，谢谢。

交換手：どういたしまして。

Bié kè qi.
别客气。

12. ショッピング〔买东西〕

店員：なにがほしいですか。
店员：您要买什么？

客：家内に指輪を買いたいのですが。
顾客：想给我太太买戒指。

店員：どんな材料のがほしいですか。
店员：要什么材料的？

客：メノがほしいです。
顾客：要玛瑙的。

店員：はい、分りました。ここに五種類があって、どうぞ自分で選んで下さい。
店员：好，这里有五种，您自己挑选吧。

客：これはどうですか。
顾客：这个怎么样？

店員：これは質も、色もなかなかいい方です。
店员：这个质量、颜色算是比较好的。

客：ではこれを買います。いくらですか。
顾客：我买这个,多少钱?
　　　Wǒ mǎi zhè ge, duō shao qián?

店員：580元です。
店员：五百八十元。
　　　Wǔ bǎi bā shí yuán。

客：これ600元です。
顾客：给你六百元。
　　　Gěi nǐ liù bǎi yuán。

店員：たしか600元お預りします。これは20元のおつりで、これは領収書です。
店员：好。收您六百,这是二十元找头,这是发票。
　　　Hǎo。Shōu nín liù bǎi, zhè shì èr shí yuán zhǎo dóu, zhè shì fā piào。

13. 食事 〔就餐〕

A：お早ようございます、昨晩よく眠りましたか。
A：你早，睡得好吗？

B：ありがとうございます。おかげさまでよく眠りました。
B：谢谢，睡得很好。

A：朝はなにをめし上がりますか。
A：你早餐吃点儿什么？

B：花卷、おかゆとつけものを食べたいです。
B：吃花卷儿，米粥和咸菜。

A：飲みものは？
A：喝点儿什么吗？

B：コーヒーをください。
B：来杯咖啡。

A：砂糖を入れますか。
A：加糖吗？

B：はい、入れます。
B：加糖。
　　Jiā táng.
　　チィヤ　ダン

A：ほかになにかいりませんか。
A：还要什么吗？
　　Hái yào shéng me ma?
　　ハイ　ヤオ　シェン　モ　マ

B：もう結構です。ありがとうございました。
B：不要了。谢谢。
　　Bú yào le. Xiè xie.
　　ブ　ヤオ　ラ　シィエ　シィエ

A：どういたしまして。
A：不客气。
　　Bú kè qi.
　　ブ　コォ　チ

著者略歴

肖　広［ショウ　コワン］

1952年　中国黒竜江省生まれ。
1975年　上海外国語大学 日本語学部 日本語学科卒。
1975年　中語北京石炭幹部学院 外国語学部日本語学科助手。
1978年　同上大学専任講師、日本語学科長。
1994年　中国鉱業大学助教授、学部長。
現在、東洋大学、柘植大学、東京成徳大学非常勤講師。

著書に『あいうえおで引く中国語ひとくち会話辞典』（南雲堂）、『中国語常用実用会話集』（南雲堂フェニックス）、『初級中国語簡明課本』（白帝社）などがある。

オール・イラスト《CD付き》
中国語の初歩の初歩 ─新装改訂版─　　　　［P-56］

1　刷　2009年5月8日

著　者　肖　広

発 行 者　南雲　一範　Kazunori Nagumo
発 行 所　株式会社　南雲堂
　　　　　〒162-0801　東京都新宿区山吹町361
　　　　　NAN'UN-DO Publishing Co., Ltd.
　　　　　361 Yamabuki-cho, Shinjuku-ku, Tokyo 162-0801, Japan
　　　　　振替口座：00160-0-46863
TEL：03-3268-2311（代表）／FAX 03-3269-2486

印 刷 所　相馬印刷株式会社
製 本 所　有限会社松村製本所
検 印 省 略
コ ー ド　ISBN 978-4-523-51056-7 C0087

Printed in Japan

我国的陆海空交通

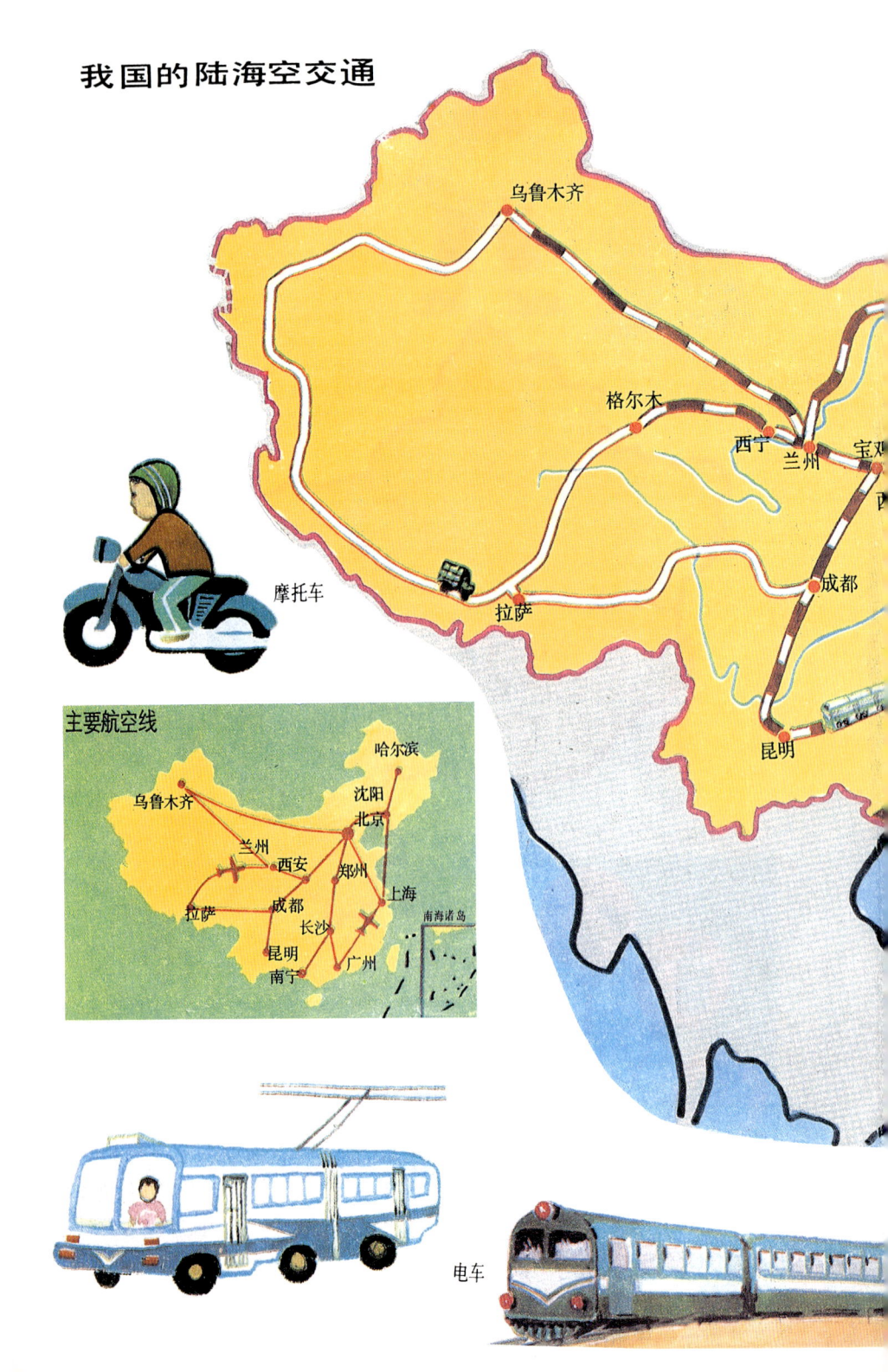

摩托车

主要航空线

哈尔滨
沈阳
北京
乌鲁木齐
兰州　西安　郑州
　　　　　　　　上海
拉萨　成都
　　　　长沙
　　昆明　广州
　　　南宁
南海诸岛

乌鲁木齐
格尔木
西宁　兰州　宝鸡
拉萨
成都
昆明

电车

满洲里
哈尔滨
沈阳
丹东
北京
天津
连云港
上海
武汉
杭州
沙
福州
广州

汽车
帆船
自行车
轮船
小轿车
广州
南海诸岛
飞机